Jürgen Hunke

Du wirst 60 – und was dann?

Durchstarten
mit neuen Zielen

Mikado
Visionen

Impressum

Copyright: Mikado AG, Verlag, Hamburg
Mittelweg 111
20149 Hamburg
Tel.: 040-822 27 20
Fax: 040-822 27 21 11

www.mikado-verlag.de

Druck: Druckhaus Schöneweide, Berlin-Neukölln

1. Auflage; Juni 2008, Printed in Germany

ISBN 978-3-935436-26-7

Inhalt

Vorwort

Dieses Buch gründet sich auf jahrzehntelange Erfahrungen. Auf meine eigenen sowie gehörte, beobachtete. Es verblüfft mich immer aufs Neue, wie viele Menschen planlos in ihre Rentenzeit stolpern. »Dann muss ich endlich nicht mehr arbeiten und kann machen, was ich will«, ist dabei der Klassiker. Sobald ich nachfrage, was genau sich denn hinter dem »Gewollten« verbirgt, ob das auch Jahrzehnte füllt und finanziert ist, ernte ich statt Antworten meist nur fragende Gesichter.

Ich bin ein risikofreudiger Mensch. Ich liebe das Leben, seine Vielfalt und die Veränderung. Ich liebe es, zu überraschen und überrascht zu werden. Aber bitte nicht von Einsamkeit und Armut. Doch exakt das ist ein mögliches Resultat, wenn man »einfach mal schaut, wie es später so wird.«

Aus den meisten Fehlern darf man lernen:

➢ Im ersten Drittel seines Lebens nicht ausreichend gelernt oder einen unbefriedigenden Beruf gewählt zu haben, lässt sich ändern. Abendschule, Jobwechsel, die Türen stehen offen.

➢ Im zweiten Drittel ein marodes Haus gekauft zu haben oder in einer unglücklichen Ehe zu stecken, ist ebenfalls nicht das Ende.

➢ Aus dem Fehler, sich nicht auf das dritte Drittel seines Lebens vorbereitet zu haben, kann man zwar noch lernen, aber man kann es nicht mehr ändern. Das *ist* das Ende.

Ich selber habe die Dimension des 60. Geburtstages unterschätzt. Egal, wie locker man alle runden Geburtstage zuvor genommen hat: 60 wird man nicht »mal so nebenbei«. Während man an einem 30., 40., oder 50. Ehrentag meist das Hier und Jetzt feiert, lässt uns der 60. Geburtstag innehalten. Wenn die Gäste gegangen sind, ist es Zeit, sich um sich selbst zu kümmern. Zeit für das Gestern und das Morgen. Für eine Rückschau und einen Zukunftsplan.

So habe ich es getan. Und ich war ganz zufrieden mit mir. Ich würde mir wünschen, dass möglichst viele Menschen am Abend ihres 60. Geburtstages wie ich lächelnd ins Bett gehen. Weil sie ebenso zufrieden sind mit dem Gestern wie mit der Aussicht auf ihr ganz eigenes Morgen. Vielleicht kann dieses Buch dabei helfen.

Ihr

Jürgen Hunke

Viele sterben an einer Überdosis von
Geburtstagen.

Walter Ludin

Kapitel 1

Mit 60 hat man noch Träume

Das Ende naht?

Ja, das Ende naht. Dem ist so. Egal, ob man 20, 60 oder 85 ist. So will es die Natur und im Regelfall doch auch wir. Obwohl man weder weiß, was vorher war, noch was danach kommt, glauben die Anhänger aller Weltreligionen, dass der Tod nicht nur ein Ende, sondern auch ein Beginn ist, nämlich der Anfang des Lebens im Paradies oder die Wiedergeburt. Im Detail sind die Vorstellungen darüber unterschiedlich.

Im Kern jedoch gilt für alle: Das Leben ist wie die Fahrt von Tunnel zu Tunnel. Aus dem einen kommen wir heraus und haben eine schier endlose Landschaft vor uns. Aufregende Welten, so weit das Auge reicht. Irgendwann, in ferner Zeit, fahren wir durch den nächsten Tunnel.

Alter ist ein hoher Preis, den wir für Reife bezahlen.
Tom Stoppard

Dahinter erwartet uns vielleicht noch mal das Gleiche, vielleicht auch etwas völlig anderes, wer weiß das schon. Welchen Weg wir zwischen den einzelnen Tunnel nehmen, ob wir durch Berge und Täler fahren oder lieber den sichereren Weg auf der mittleren Ebene, ob wir viele Mitfahrer wollen oder lieber allein sind: Die Fahrt kann ein knappes Jahrhundert dauern, und wie sie verläuft, bestimmen wir zu großen Teilen selber.

Warum vergeht das Leben immer schneller, je älter wir werden?

Anfangs fährt man noch unsicher, mit der Zeit klappt es immer besser. Wer den größten Teil der Strecke bereits hinter sich hat, fährt gelassener. Man weiß, in welchem Abschnitt man den Fuß vom Gas nehmen sollte und wo es sich lohnt, anzuhalten. Zugegeben, es ist nicht alles erfreulich. Man sieht die Straße nicht mehr so gut. Aber ist deswegen die Landschaft weniger schön? Unbestritten ist allerdings, dass die Landschaft, das Leben schneller an unserem Fenster vorbeizurauschen scheint, obwohl wir nicht *mehr* Gas geben. Warum ist das eigentlich so?

Der Tutzinger Ökonom und Zeitforscher Dr. Martin Held erklärt es wie folgt: Kindern erscheint ein Tag wesentlich länger als älteren Menschen, da sie in einem anderen Zeitrahmen leben. Sie haben noch kein ausgeprägtes Zeitempfinden, weil sie jeden Tag viel Neues entdecken und verarbeiten müssen. Jeder Augenblick erfordert dadurch eine viel größere Präsenz und wird intensiver erlebt. Je älter man wird, desto mehr Routine entwickelt sich und desto mehr Momente »rauschen« an einem vorbei, ohne wirklich wahrgenommen zu werden[1].

Wie alt man geworden ist, sieht man an den Gesichtern derer, die man jung gekannt hat.
Heinrich Böll

Was sollte also unsere Aufgabe sein? Richtig, dem Leben wieder die volle Aufmerksamkeit zu schenken. Und die Tage sinnvoll zu füllen. Wer das bereits macht, dem gratuliere ich von ganzem Herzen. Alle anderen haben jetzt die Chance, damit zu beginnen.

---

[1] Auf Phasen der Langeweile ist diese Empfindung übrigens nicht übertragbar. Die ziehen sich mit 70 genauso kaugummiartig hin wie mit 25. Allerdings weiß man dann, dass sie vorübergehen, vor allem, wenn man darauf wartet, zu einer Veranstaltung abgeholt zu werden. Wenn einen überhaupt noch jemand abholt.

Und das Beste daran: Man kann dabei nur gewinnen. In welcher anderen Situation würden Sie bei so einer hohen Siegeschance nicht sofort zuschlagen?

Das Ende naht so schnell noch nicht!

➤ »Dann kann ich endlich viel reisen.«

➤ »Dann habe ich endlich Zeit für meine Modelleisenbahn.«

➤ »Dann muss ich endlich diesen Job nicht mehr machen und kann mein Leben genießen.«

Das sind sie, die meistgehörten Freudenseufzer, heute wie einst. Mit dem Unterschied, dass einem früher für die Umsetzung seiner Vorstellungen nur wenige Jahre Zeit blieben. Heute hat man dank der verbesserten Lebensbedingungen noch Jahrzehnte vor sich. Man muss schon sehr phlegmatisch sein, um diese Jahre mit der Modellbahn auszufüllen.

1950 begann die Rentenzeit durchschnittlich im Alter von 65 Jahren. Bevor man jedoch seine frei gewordene Zeit genießen konnte, meldeten sich bereits die altersbedingten Krankheiten, und mit 68 oder 70 Jahren waren Rentenzeit und Leben in viele Fällen wieder vorbei. Für den damaligen Lebensabend mussten keine großartigen Pläne geschmiedet werden. Die zeitlichen Aussichten waren bescheiden, ebenso die Bedürfnisse. Was hervorragend zueinander passte, denn die finanziellen Mittel waren den

Die ersten vierzig Jahre unseres Lebens liefern den Text, die folgenden dreißig den Kommentar dazu.
Arthur Schopenhauer

Voraussetzungen angepasst. Für Miete, Lebensmittel und den Tanzabend am Samstag reichte das Geld. Bevor Existenzängste eintreten konnten, verstarb man.

Heute sind die Bedingungen ganz andere. Der medizinische Fortschritt, die Vielfalt an Freizeitaktivitäten, die breite Information durch Radio, Fernsehen, Printmedien und das Internet zeigen uns: »Alles ist möglich. Egal wo ihr seid, wer ihr seid, wie alt ihr seid.« Die Medien lehren, wie wir uns optimal ernähren, optimal trainieren, ein gesundes Netzwerk erhalten. Unabhängig vom Alter. Gelenke werden ausgetauscht wie Zahnfüllungen, und wer heute noch jedes Zipperlein als vom Schicksal gegeben hinnimmt, ist selber Schuld.

Wer heute in Rente geht, ist weder müde noch satt.

»Lebensabend« ist nicht länger eine passende Bezeichnung. Wer heute in Rente geht, ist weder müde noch satt, noch will er für den Rest der Zeit vorm Fernseher hocken. Das gilt vielleicht für die letzte Stunde des Tages, aber nicht für das letzte Drittel! Erinnern Sie sich noch, was alles Aufregendes zwischen Ihrer Geburt und Ihrem 27. Lebensjahr passiert ist? Die

Das Merkwürdige an der Zukunft ist wohl die Vorstellung, dass man unsere Zeit einmal die gute alte Zeit nennen wird.
Ernest Hemingway

Kindheit, die Schulzeit, die Zeit als junger Erwachsener, die vielen Entscheidungen in beruflicher Hinsicht, eventuell die Familiengründung. Mit etwas Glück und der richtigen Vorsorge haben Sie mit Mitte 60 noch einmal genauso viel Zeit vor sich. Da sollten die Pläne schon ein bisschen ausgereifter sein als »endlich mal `ne Kreuzfahrt machen«.

An Träumen und Sehnsüchten mangelt es den wenigsten Menschen. Sie schleichen sich ein, wenn wir sie am unwahrscheinlichsten umsetzen können. Wenn wir gerade den sicheren Job aufgegeben haben, um in die Selbstständigkeit zu wechseln, uns für den Aufbau des eigenen Unternehmens bis über unsere Grenzen hinaus verausgaben, sehnen wir uns nach Freiraum. Ruhe und Zeit für Muße. Mit dem Motorrad quer durch die USA, ohne zeitliche oder räumliche Begrenzungen. Und wir erträumen uns, dieses Bild irgendwann Wirklichkeit werden zu lassen.

Wenn der klapprige Wagen zum dritten Mal in einem Monat in die Werkstatt muss, wünschen wir uns, eines Tages finanziell unabhängig zu sein. Wenn wir auf der Karriereleiter immer weiter nach oben steigen und die Kinder kaum noch zu Gesicht bekommen, sehnen wir uns nach dem Zeitpunkt, an dem wir endlich unsere Familie genießen und für sie da sein können. Und uns muss klar sein: Wir stehen nicht allein da, auch der Partner hat Träume.

Träume kann man planen

Die meisten Träume haben eines gemeinsam: das »Irgendwann«.

So unterschiedlich diese Träume sind, sie alle eint ein wesentlicher Bestandteil: das »Irgendwann«. Als würden die Bedingungen für die Erfüllung des jeweiligen Traumes eines Tages wie gottgegeben vom Himmel fallen. Da muss ich enttäuschen, dem ist nicht so. Wer nie einen Draht zu seinen Kindern entwickelt hat, dem sind sie auch Jahre später noch fremd, und wer niemals Geld zur Bank gebracht hat, fährt auch im Alter keinen Porsche.

Wenn der hehre Wunsch, »das Leben in vollen Zügen zu genießen, sobald man nicht mehr arbeiten muss«, nicht von einem **Plan** begleitet ist, wie das Ganze finanziert und organisiert werden soll, wird es bei dem Wunsch bleiben.

Wer diese Realität außer Acht lässt, wird eine böse Überraschung erleben. Dann wartet statt der Erfüllung der Wünsche nur die nüchterne Feststellung, dass alles ganz anders ist als gedacht und nun nicht mehr zu korrigieren. Wer arm in die Rente startet, wird die letzte Lebensphase auch arm beenden. Wer soziale Kontakte mit Füßen tritt, wird ein einsames Dasein fristen. Die Dinge bessern sich nicht im Alter. Im besten Falle bleiben sie, wie sie sind. Also müssen sie schon vorher gut sein. Wir müssen uns rechtzeitig kümmern. Und wer ist für unser Leben verantwortlich? Niemand außer uns selbst. Keine Familie, kein Job, kein Staat. Nur wir allein.

Ich mache mir das an folgender Darstellung klar:

> ➤ Das erste Drittel des Lebens steht für das Lernen, für Bildung. Es endet mit den nicht weniger gewichtigen Themen Berufswahl und Familiengründung.

> ➤ Dies wird im zweiten Drittel intensiviert. Dieses Drittel besteht vorrangig aus Arbeit. Die Saat wird gestreut. Der Job, der Hausbau, die Erziehung der Kinder.

> ➤ Im letzten Drittel sollte der Genuss an erster Stelle stehen: Das Einbringen der eigenen Lebens-Ernte.

Im Herbst fallen die Blätter von den Bäumen. Aber ob man im Winter schutzlos dasteht oder nicht, hat jeder selber in der Hand.

Wer sät, wird ernten.

Wer nichts sät, muss sehen, was er von anderen ab-bekommt, so einfach ist das.

Vorsicht, Falle! Die Gefahr besteht, dass man unter-schätzt, wie schnell die letzten Jahre bis zur Rente plötzlich dahineilen. Und schon steht man mit gelockerter Krawatte vor der Bürotür, das Namensschild und die privaten Sachen im Pappkarton unterm Arm, und hat plötzlich keine Ahnung, was man nun eigentlich mit seiner Zeit anfangen soll. Draußen lauert schon das klassische »schwarze Loch«. Wer da hineinstolpert, wird davon verschluckt.

Zum Vergleich: Wie lange und wie intensiv haben wir uns auf unser Berufsleben vorbereitet? Grundschule, Gymnasium, Studium, Fortbildung: Zwanzig Jahre lang haben wir intensiv die Schulbank gedrückt, bis wir den Berufsalltag zum ersten Mal kennen lernten. Sollten wir uns nicht auch die Zeit nehmen, um uns gründlich auf unser geändertes Leben im Ruhestand vorzubereiten?

Kein weiser oder tapferer Mann legt sich auf die Schienen der Geschichte und wartet, dass der Zug der Zukunft ihn überfährt.
Dwight David Eisenhower

Wichtige Rahmenbedingung für jede Art von Plänen ist der finanzielle Spielraum. Will ich meine Rente mit all den Reisen ausfüllen, die mir mein stressiger Job jahrzehntelang vorenthalten hat, muss ich das Geld dafür haben. Oder alternativ mein Tätigkeitsfeld und meine körperliche Fitness so steuern, dass ich es mir erlauben kann, den Zeitpunkt für meinen Rücktritt aus dem Markt der Löhne und Gehälter selber zu bestimmen, also beispielsweise weiter zu arbeiten. Sonst heißt die Bilanz: viel Zeit, viele Pläne, wenig Geld. Bei so einer Gleichung zuckt jeder Buchhalter zusammen. In Deutschland gibt es zu dem Thema einen eigenartigen Volkssport, aufgeteilt in drei Mannschaften:

➢ Mannschaft A hat schlichtweg **keine Ahnung**, was sie an Rentenzahlung vom Staat eines Tages zu erwarten hat. Eigentlich ist man interessiert, rät auch ab und an ins Blaue hinein, informiert sich aber nicht. »Is ja noch hin.«

➢ Mannschaft B hat ebenfalls keinen Schimmer, mit wie vielen Euro sie eines Tages über die Runden kommen muss, will es aber partout aus **Angst** vor der Wahrheit nicht wissen.

➢ Mannschaft C, eine kleine, am Rande des Spielfeldes, ist **bestens informiert** und emsig dabei, die Zahlen gemäß ihren Wünschen und Bedürfnissen zu optimieren.

In welcher Mannschaft spielen Sie?

Ich wusste schon immer, in welcher Mannschaft ich spielen will. In welcher sind Sie?

Sie haben genau einen Versuch!

Das Thema ist zu wichtig, um es halbherzig abzuhandeln. Ich rate jedem Menschen, sich wirklich Zeit sowie Stift und Zettel zu nehmen und sich darüber klar zu werden, welchen Lebensstandard man sich für die eigene Rentenzeit wünscht.

Zukunftsforschung ist die Kunst, sich zu kratzen, bevor es einen juckt.
Peter Sellers

Es kann nicht oft genug wiederholt werden: Ändern

wird man es später nicht können. Man kann in diesem Punkt nicht irgendwann nachbessern, man kann nur gut **vorsorgen**! Nehmen wir uns die Natur zum Vorbild: Kein Eichhörnchen frisst alle seine gesammelten Nüsse auf. Es legt sich genug Nüsse für den langen Winter zurück.

Wenn man in etwa abschätzen kann, wie viel Geld man pro Monat zur freien Verfügung haben möchte, um nicht von seinem aktuellen Lebensstandard abrücken zu müssen beziehungsweise diesen eventuell noch steigern zu können, fehlt noch eine andere, wichtige Zahl: die Höhe der zu erwartenden Einnahmen.

Das Netz des Gesundheitssystems ist da, aber wer weich fallen will, muss extra zahlen.

Dazwischen klafft eine Lücke? Ja, werden die meisten Leser nun ausrufen. Und vergessen Sie bei Ihren Berechnungen bitte nicht, dass viele Kosten für Sie steigen werden. Selbst der Fitteste ist nicht davor geschützt, irgendwann die eine oder andere Tablette in seinen Frühstücksablauf einbauen zu müssen. Wer auf Sicherheit bedacht ist, dem sei verraten: Jeder Körper baut mit der Zeit ab, das ist absolut sicher. Die Vorzüge des deutschen Gesundheitssystems schätzen wir alle. Das Netz ist da, aber wer besonders weich fallen will, muss dafür extra zahlen.

Als ich vor einiger Zeit in stationärer Behandlung war, habe ich mit Entsetzen feststellen müssen, wie hart es die trifft, die nicht vorgesorgt haben oder es aus persönlichen Gründen nicht konnten. Ein deutsches Krankenhaus, darin ich, bestens aufgehoben in meinem geräumigen Einzelzimmer mit freier Sicht auf einen wunderschönen Park. Den Ausblick konnte ich allerdings nur genießen, bis ich das erste Mal meine Zimmertür geöffnet hatte. Auf dem Gang standen sieben Betten, und in jedem lag eine alte, kranke Dame. Mitten auf dem Gang! Mit welcher Respektlosigkeit behandeln wir diese Frauen, die Teil unserer Gesellschaft sind, die vielleicht Kindern das Leben schenkten? Solche Zustände erwarte ich allerhöchstens in Dritte-Welt-Staaten, aber nicht in Deutschland. Ich habe mich sofort auf eigene Verantwortung entlassen und eingefordert, wenigstens zwei der Patientinnen in meinem Zimmer unterzubringen.

Erlebnisse wie dieses festigen meine Prinzipien nur noch mehr. Ich möchte die beste Behandlung, die beste Medizin. Wenn ich dafür zahlen muss, dann jammere ich nicht über das System, sondern übernehme Eigenverantwortung und trage **rechtzeitig** genug Sorge, das Geld dafür auch wirklich zu haben. Qualität wird mit steigendem Alter in allen Bereichen wichtiger. Das gilt ebenso für Kleidung, Lebensmittel und Freizeitvergnügen. Wer viel Zeit hat und diese sinnvoll nutzen will, gibt mehr Geld aus als in den Jahren, in denen er den ganzen Tag arbeitend in einem Büro saß. Und wem die zwei Kilometer zum Kino irgendwann zu lang sind, gönnt sich ein Taxi.

Je mehr die Leistungsfähigkeit sinkt, desto stärker steigen die Bedürfnisse. Und selbst wenn ich es morgens noch schaffen würde, mich im Urlaub aus einer Jugendherbergspritsche zu federn, ich will es einfach nicht mehr. Ich habe mein ganzes Leben lang viel geleistet, jetzt (und nicht erst jetzt) will ich mir

Je mehr die Leistungsfähigkeit sinkt, desto stärker steigen die Bedürfnisse.

auch viel gönnen. Ich will mich wohlfühlen in meiner Haut[1]. Die Hausaufgabe für das Finanzielle heißt also: Lücken erkennen und vorsorgen. Am besten mit Hilfe eines Fachmanns.

Länger zu leben heißt auch, länger dafür zu sorgen, so gesund wie möglich zu bleiben. Das bedingt nicht nur – je nach Aufwand – die nötigen finanziellen Mittel, sondern vor allem das Wissen um die optimale Strategie und eine gute Portion Disziplin. Auch mit geringem finanziellen Einsatz kann man viel erreichen. Vier Äpfel kosten das Gleiche wie eine Tüte Chips und regelmäßiges Joggen nicht mehr als den Preis für gutes Schuhwerk.

Verantwortlich ist man nicht nur für das, was man tut, sondern auch für das, was man unterlässt.
Laotse

Viele medizinische Untersuchungen belegen, dass sich der eigene Lebensstil maßgeblich auf die körperliche und geistige Gesundheit auswirkt. Und zwar nicht nur im Hier und Jetzt, sondern auch in der Zukunft. Jeder hat die Möglichkeit, Einfluss auf seinen Alterungsprozess zu nehmen. Wer also als Mensch jungen und mittleren Alters gesund lebt, hat gute Aussichten, auch im Alter fit zu sein. Wer sich gut ernährt, sportlich betätigt, sich geistig fordert und sein soziales Netzwerk pflegt, baut sich ein strapazierfähiges Immunsystem auf und beugt damit langfristig körperlichen und seelischen Krankheiten vor.

---

[1] siehe auch: Jürgen Hunke: »Wohlfühlen – Der Megatrend«; Mikado-Verlag, Hamburg

Dennoch: Die Natur hat für uns alle bestimmte Unausweichlichkeiten vorgeschrieben. Kinder kommen in die Pubertät, Jungen wächst ein Bart, Frauen gebären Kinder, die Knochen aller werden brüchiger, die Bewegungen aller werden langsamer. Doch wie wir damit umgehen, bestimmt nicht die Natur, sondern wir selbst. In den ersten Jahren haben wir unglaublich viel Zeit, aber kein Gefühl dafür. Danach haben wir sehr wohl ein Gefühl dafür, wie wenig Zeit wir plötzlich für alles haben. Wie viele Pflichten wir in jedem Tag unterbringen müssen. Im letzten Drittel des Lebens haben wir plötzlich wieder alle Zeit der Welt. Da der Mensch, je älter er wird, auch noch mit immer weniger Schlaf auskommt, sind auf einmal irrsinnig viele Stunden am Tag auszufüllen. Pflichten hat man nur noch wenige.

Die Pläne, von denen man irgendwann dachte, dass ihre Umsetzung zig Jahre überdauert, erweisen sich höchstens als Kurzweil. Und plötzlich muss man sich eingestehen, dass man dort angekommen ist, wo man niemals hinwollte. Frühmorgens vor der Supermarkttür auf der Suche nach Mitmenschen und Ablenkung, und nachmittags zum dritten Mal die Woche mit dem Kniffelblock bei Gerda und Heinz an der Klingel, aber die sind mal wieder nicht zu Hause. Das ist vielleicht für einen Monat ganz witzig, aber damit lassen sich keine Jahrzehnte füllen. Eine heikle Situation. Denn: Langeweile ist der perfekte Nährboden für persönliche Krisen. Die Kinder sind längst aus dem Haus, man hat mehr Zeit, als man verplanen könnte. Im schlimmsten Fall verliert man auch noch den Partner beziehungsweise die Partnerin, und der Freundeskreis wird zuneh-

In den ersten Jahren haben wir unglaublich viel Zeit, aber kein Gefühl dafür. Danach haben wir sehr wohl ein Gefühl dafür, wie wenig Zeit wir plötzlich für alles haben.

Langeweile ist der perfekte Nährboden für persönliche Krisen.

mend geringer. Dann keine Hobbys oder andere sinnvolle Beschäftigung zu haben? Welch grauenhafte Vorstellung.

Den Ruhestand absitzen?

Dabei geht es nicht nur darum, den Tag irgendwie herumzukriegen. Nein, es geht darum, auch nach dem Ende des Erwerbslebens **Verantwortung** zu übernehmen, Bestätigung zu bekommen, soziale Kontakte zu haben und weiterhin etwas zu **leisten**. Ganz egal, ob wir einen Job hatten, der die Bezeichnung Berufung wirklich verdient, oder ob es reiner Broterwerb war: Er gab dem Tag eine Struktur, dem Aufstehen ein Muss. (Nicht: einen Sinn, denn ich hoffe sehr, dass Sie dafür noch viele andere Gründe haben).

Erfahrung heißt gar nichts. Man kann seine Sache auch 35 Jahre schlecht machen.
Kurt Tucholsky

Nicht mehr zu arbeiten heißt zum einen, etwas zu gewinnen: freie Zeit. Es heißt aber auch, etwas zu verlieren. Die Sicherheit, die einem die **stabilen Strukturen** gaben. Man glaubt ja gar nicht, wie sehr einem die launischen Kollegen fehlen, wenn man sich plötzlich nicht mehr regelmäßig über sie aufregen kann.

Ein fester Platz im Berufsleben hinterlässt immer eine Lücke, ganz egal, wie gern oder ungern man dorthin gegangen ist. Man war Teil einer Gemeinschaft, eines Unternehmens, eines Teams. Von einem Tag auf den anderen ist man raus, unabhängig von Rang und Namen. Der abgewählte Bürgermeister, der noch Tage zuvor auf allen Titelblättern zu sehen war, ist vergessen. Alle Kameras sind auf seinen Nachfolger gerichtet. Den zurückgetretenen Fußballstar finden wir Jahre später in der Rubrik »Was macht eigentlich …« wieder. Der in den Ruhestand entlassene Manager wird bereits zur übernächsten Betriebsweihnachtsfeier nicht mehr eingeladen. Ein nicht zu unterschätzender Einbruch für das Selbstbewusstsein, das Sich-selbst-bewusst-sein.

»Was war meine Leistung über all die Jahre denn wert, wenn ich jetzt so einfach ersetzt werden kann?« Sinnfragen kommen auf und gewinnen an Gewicht, je mehr Raum man ihnen bietet. Und wenn man ihnen keine zeitintensive Beschäftigung entgegensetzt, haben sie in der Rentenphase unerträglich viel Raum.

Wem dies Unbehagen bereitet, der hat sich einfach noch nicht mit seiner eigenen Zukunft auseinander gesetzt. Angst macht immer nur die Ungewissheit. Das Wie-wird-es-bloß-werden? Wenn ich als Nichtschwimmer in einen Fluss springe, habe ich berechtigterweise Ängste, ob ich jemals das andere Ufer erreiche. Vielleicht rettet mich jemand, vielleicht kommt ein Boot. Vielleicht ist es auch so, dass man, wenn die Angst einsetzt, plötzlich schwimmen kann. Ja – vielleicht. Ein Ertrinken halte ich in diesem Fall jedoch für wahrscheinlicher.

Nur Ungewissheit macht Angst.

Ein Schwimmkurs im Vorfeld, und man könnte sich einige Ängste ersparen. Ohne Training, ohne ausreichende Vorbereitung geht es nicht. Das ist im Leben an sich nicht anders. Mit dem Unterschied, dass man in den ersten beiden Dritteln viele »Trainer« hat, die

Ist das der Lebensabend? Wenig Geld, viel Langeweile, und jeder Schritt schmerzt?

23

einem zur Seite stehen. Die, speziell im ersten, die Verantwortung übernehmen. Das ändert sich im zweiten Drittel. Doch ebenso wie die Eigenverantwortung steigt, verzeichnen wir ein Plus in vielen weiteren Bereichen. Wir verdienen endlich Geld, wir haben einen großen Freundeskreis, wir gründen eine eigene Familie. Im dritten Drittel sinkt der Input drastisch. Gehaltserhöhungen sind nicht mehr zu erwarten, und nach und nach müssen wir uns von lieb gewonnenen Menschen verabschieden. Jetzt liegt die Verantwortung für unser Leben vollständig in unseren Händen. Unsere Trainer von einst haben längst neue Schüler.

Warum also sollte ich mich auf diesen Abschnitt meines Lebens freuen? Was ist daran erstrebenswert? Wenig Geld, viel Langeweile, und jeder Schritt schmerzt? Das nenne ich nicht Lebens*abend*, sondern: Leben – *gute Nacht!*

Wessen Vorstellung vom Alter so ist, dem sei verraten: So wird es nur, wenn man es **zulässt**. Falls die individuell gewünschte Vision anders aussieht – und davon gehe ich aus –, dann muss man sich darum kümmern, eine Gegenwart zu schaffen, aus der sich eine derartige Zukunft entwickeln kann.

Das Alter hat zwei große Vorteile: Die Zähne tun nicht mehr weh, und man hört nicht mehr all das dumme Zeug, das ringsum gesagt wird.
George Bernard Shaw

Die Zeit ab 60 ist doch eigentlich die schönste Zeit des Lebens. Seien wir mal ehrlich, was wünschen wir uns ein Leben lang? Mehr Geld, mehr Autos, mehr Stunden im Büro? Nein. Wir wünschen uns alle mehr Zeit! Und jetzt haben wir sie. Von morgens bis abends Zeit für unsere Freunde, für Hobbys, ganz einfach Zeit für Genuss und Muße. Welcher Mensch zwischen 30 und Ende 50 kann das schon von sich behaupten?

Zugegeben, mit 30 ist unser Körper attraktiver, die Zellen sind frischer, aber wir befinden uns permanent im Getriebe. Sei es durch den gesellschaftlichen oder selbst produzierten Druck, gewisse Ziele zu erreichen, die Karriereleiter höher zu klettern, endlich eine Familie zu gründen, ein Haus zu kaufen. Oder durch die Hektik des Alltags: die Elternabende, die Kundenmeetings, die Geschäftsreisen.

Im Alter sollten wir nur noch machen, wozu wir Lust haben und was uns Sinn und Glück bringt. Weil wir es selber wollen, nicht, weil es jemand von uns erwartet. Vielleicht sollten wir auch *gerade* die Dinge tun, die man nicht von uns erwartet!

Fazit

Als Rentner hat man ein Mehr an Kosten sowie ein Mehr an Zeit. Dem gegenüber stehen – in den meisten Fällen – ein Minus an Geld sowie ein Minus an Beschäftigung. Wie setzen wir das zu einer Formel zusammen, aus der trotz allem Glück entsteht?

Fest steht: Man muss sich vorbereiten. Kein »kann« oder »sollte«, nein, ein klares MUSS. Für Schönrednerei, Hoffen oder Bangen ist kein Platz. Auf seine

Rentenzeit wird man niemals zurückschauen können. Aus den Fehlern lernen und es in der nächsten Phase besser machen, ist unmöglich. Es *gibt* keine nächste Phase.

Besser ist es, eine Gegenwart schaffen, aus der sich die gewünschte Zukunft entwickeln kann.

Geld löst dabei sicher nicht alle Probleme des Ruhestandes. Aber ohne Geld können wir den Ruhestand nicht nach unseren Vorstellungen gestalten.

Zwischenruf

Klaus May

*Ehemaliger Herausgeber des Flensburger
Tageblattes und ehemaliger Vorstand des
Gruner + Jahr Verlages.*

Genießer leben länger

Jürgen Hunke hat zu mir mal gesagt: »Wenn ich älter bin, dann möchte ich so sein wie du!«

So ein Kompliment schmeichelt natürlich, aber die Bemerkung von ihm hat einen ernsten Hintergrund. In unserem gemeinsamen Bekanntenkreis lassen sich zahlreiche Beispiele dafür finden, wie wir selbst nicht altern möchten. Der Beginn der Rente mit 65 beziehungsweise 67 Jahren stellt für viele einen Einschnitt dar, mit dem es umzugehen gilt. Doch in vielen Fällen erfolgt dies eher im negativen Sinne, da die »neu gewonnene Freiheit« nicht als solche empfunden wird. Das ist vielleicht vergleichbar mit einem Rennpferd, das jahrelang kraftvoll seine Runden gelaufen ist und plötzlich nicht mehr für gut genug befunden wird. Sein Leben wandelt sich, und das bringt Herausforderungen mit sich. So geht es auch den Menschen, die ihr Rentenalter erreichen. Man weiß nicht genau, wie man damit umgehen soll, wenn die gewohnte Routine fehlt.

Der Mensch hat genug Zeit, sich Gedanken über seinen Ruhestand zu machen.

Was ich aber nicht verstehe: Plötzlich kommt das Ausscheiden aus dem Berufsalltag nun wirklich nicht. Jeder Mensch hat genug Zeit, sich Gedanken über seinen Ruhestand zu machen, wenn dieser noch nicht unmittelbar vor der Tür steht. Ich habe mich schon oft gefragt, warum nicht jeder Berufstätige Vorsorge für diesen Tag trifft. Verdrängen sie das unabwendbare berufliche Ende? Sind sie so von der Gewissheit durchdrungen, sie wären unersetzlich?

Die Chancen des Ruhestandes waren den Generationen vor uns verwehrt.

Frauen und Männer genießen im Beruf tagtäglich die Aufmerksamkeit anderer, und genau das geht mit der Rente von einem Tag zum anderen in weiten Teilen verloren. Wichtig ist es, sich selbst immer wieder anzutreiben und dabei durchaus eigene Interessen zu verfolgen. Der Ruhestand bietet unendliche Möglichkeiten, nun die Dinge zu tun, für die vorher nie genug Zeit war, voller Neugier jene Welten zu entdecken, die einem bis dahin verschlossen geblieben sind. Diese Chance war den Generationen vor uns verwehrt, sie bietet sich den Leuten eigentlich erst heute. Der Mensch wird zwar immer älter, aber – ein Segen! – mit 65 Jahren gehört man noch nicht zum alten Eisen. Es bleiben viele Jahre, in denen man sich selbst verwirklichen kann, da keine berufliche Verpflichtung mehr besteht.

Ich finde es wichtig, auch im Alter aktiv zu bleiben. Kein langsames Auslaufen hin zur Lethargie, bis nichts mehr geht, sondern ein Luftholen zum neuen **Durchstarten**. Eine Gelegenheit kann sein, seine persönliche Auffassung und die eigenen Erfahrungen an andere Menschen weiterzugeben. An Gleichaltrige zum Gedankenaustausch und Diskussionsanstoß an Jüngere. Damit Wissen und Erlebtes nicht verloren gehen, sondern als Hilfe oder als berufliche Wegweiser von Jüngeren genutzt werden können. Älter werden bedeutet schließlich nicht, seine Stimme und sein Mitspracherecht zu verlieren.

Älter werden bedeutet nicht, seine Stimme zu verlieren.

Aber niemand sollte die Hände in den Schoß legen und der Dinge harren, die da kommen, sondern selbst aktiv dafür wirken, dass sich etwas bewegt. Schließlich sind die Erfahrungen, die jeder in seinem Leben gemacht hat, von Wert, so dass sie nicht einfach brach liegen sollten, wenn sie an anderer Stelle nützlich sind. Sich dabei anderen aufdrängen, das geht sicher nicht. Ich denke eher an den Mentor, der sein Wissen weitergibt, wenn er darum gebeten wird. Oder an den Freund, der Jüngere nicht nur mit Rat, sondern auch mit Tat unterstützt, wenn Bedarf ist. Diese Hilfe ist keine Einbahnstraße. Sie stellt nicht nur eine Bereicherung für die Jüngeren dar, auch die Älteren profitieren, indem man gemeinsame Erfolge möglich macht, nicht nur auf sein Arbeitsleben zurückblickt, sondern sich weiter entwickelt.

Auch im Alter sollte man sich weiter entwickeln können.

Ich habe schon gehört, dass ältere Menschen die Scheu vor möglichen Wissenslücken von der Unterstützung der Jüngeren abhält. Die Angst davor, nicht mehr auf dem neusten Stand zu sein, »veraltet« zu sein, da man schon aus dem Berufsleben heraus ist und sich nicht mehr permanent am Ort des Geschehens befindet. Die Funktion, die man einmal besessen hat, wurde einem anderen, einem jüngeren Kollegen zugewiesen. Man wurde vom Markt verdrängt, weil man keinen Marktwert mehr besaß, so denken viele. Doch auch die Erfahrungen, die man jenseits des Arbeitsplatzes gesammelt hat, bieten die Chance, den eigenen Wert wieder gerade zu rücken. Erfahrung ist durch Wissen eben nicht zu kompensieren. Menschenkenntnis beispielsweise wächst sicherlich mit den Jahren.

Erfahrung ist durch Wissen nicht zu kompensieren.

Jeder hat es in der Hand: Der Alltag im Ruhestand muss nicht von Langeweile geprägt sein. Chancen bieten sich genug, ob man sich anbietet oder ob man angesprochen wird. **Engagement** stellt eine gute Abwechslung dar zu Freizeit und Amüsement, welche selbstverständlich Teil des Ruhestandes sein sollten. Es bedarf meiner Erfahrung nach nur ein klein wenig eigener Initiative, um im Alter über 60 noch vieles zu erleben, zu lernen und zu erkennen, was man vorher vielleicht niemals bemerkt hätte.

Der Übergang in die Rente bedeutet einen Einschnitt in die bisher gewohnte Routine. Ich sehe ihn als Quell der Freude, denn dadurch eröffnen sich zahlreiche Gelegenheiten, Neues zu erleben. Man gewinnt eine neue Freiheit für sich, man hat noch lange nicht alles gesehen und gehört. Man muss sich nur in Bewegung setzen und dem nähern, was interessiert. Die Was-haben-wir-denn-noch-zu-erwarten-Mentalität ist eine völlig falsche Auffassung. Man hat bisher sein Leben mit Dynamik gestaltet, warum sollte sich das ändern?

Ein Patentrezept für das Leben nach 60 gibt es sicher ebenso wenig, wie es ein Patentrezept für ein Leben vor 60 gibt. Aber vielleicht können folgende Vorschläge eine Anregung bieten:

➢ Natürlich ist erst einmal der Wunsch nötig, sein Leben auch jenseits der 60 noch **genießen** zu wollen.

➢ Außerdem sollte man sich fragen und beantworten, was man gerne noch erleben möchte, und dies in die **Tat** umsetzen.

➢ Hilfreich dabei ist ein **Netzwerk** von Gleichgesinnten, sodass auch im fortschreitenden Alter die sozialen Kontakte nicht abreißen und man immer auf Gesellschaft für gemeinsame Unternehmungen oder Gespräche zurückgreifen kann. Dieses Kontaktgeflecht wird sinnvollerweise lange vor dem Ruhestand geknüpft. Denn die Arbeitskollegen werden zu Ex-Kollegen.

➢ **Finanzielle** Sicherheit ist nötig, damit die Verwirklichung der Wünsche im Rahmen des Bezahlbaren liegt.

Insgesamt sollte man sich **bewusst** darauf vorbereiten, dass der Arbeitsalltag enden wird und dies **akzeptieren**. Wer damit nicht seinen Frieden macht, wird nicht offen sein für all das Neue, das noch kommt.

Die Frage »Was ist Alter?« beantworte ich gern mit einem Witz: Ein Protestant, ein Katholik und ein Rabbiner sitzen zusammen und debattieren über das Leben. Dabei kommt die Frage auf: Wann beginnt eigentlich das Leben? Der Katholik ist sicher: »Darüber kann man nicht diskutieren, das ist doch keine Naturwissenschaft. Es ist ein göttliches Gesetz! Alles Leben beginnt mit der Befruchtung der Eizelle.« Da unterbricht ihn der Protestant: »Und das ist alles? Zu sagen, ein Zellhaufen trifft einen anderen und schon beginnt das Leben? Also, das reicht mir nicht!« Beide Christen debattieren angeregt weiter, der Rabbi schweigt. Schließlich fordern ihn beide auf: »Nun sag doch auch einmal etwas dazu. Schließlich vertrittst du unter uns die älteste Religion.« Der Rabbiner überlegt nicht lange. »Also«, sagt er schließlich, »für mich ist das klar: Das Leben beginnt, wenn der Hund tot ist und die Kinder aus dem Haus sind.«

Wer im Alter noch herzhaft lacht,
macht sich bei seinen Erben
unbeliebt.

Aristoteles Onassis

Kapitel 2

Unser Bild vom Alter

Die Schublade in unserem Kopf

Mit »Alter« assoziiert die Mehrheit Stillstand und Lethargie. Spaß und lautes Lachen gehören den Jüngeren. Müsste ich wählen zwischen den Volkshochschulkursen »Fitness« und »Seniorenfitness«, würde ich immer den Ersteren belegen. Allein der Begriff »Senioren« steht dabei schon für zeitlupenartige Bewegungen und geflüsterte Anweisungen. Oder?

Das sind nur verzweifelte Versuche, eine Zielgruppe scheinbar anerkennend zu benennen, für die man keine Anerkennung empfindet.

Dem Ursprung des Wortes wird dieses Klischee allerdings nicht gerecht, denn »senior« bedeutet ganz einfach »älter«, nicht »alt«. Doch ist das auch in unseren Köpfen so? Es gibt niemanden, der wirklich zu dieser Gruppe gehören will, niemanden, der sagt: »Gestatten, ich bin ein alter Mann.« Aus diesem Grund versucht die Gesellschaft – und allen voran die Werbestrategen – wieder und wieder, uns einen netter klingenden Stempel aufzudrücken. Doch auch mit »Best Ager«, »Silver Surfer« oder »Generation Gold« fühle ich mich nicht angesprochen. Das sind doch alles nur verzweifelte Versuche, eine Zielgruppe scheinbar anerkennend zu benennen, für die man gar keine Anerkennung empfindet.

Wie will sich diese Generation nun nennen beziehungsweise nennen lassen? Vielseitig ist die Auswahl an Namen: Senioren, junge Alte, die Grandioren, die Reifen und die »Mibas«, die Menschen im besten Alter. Nach einer Umfrage im Internet gilt als sicher: Als »Senioren« will diese Altersgruppe auf keinen Fall bezeichnet werden, das wird mit Gebrechlichkeit, Heizdecke und Hornhauthobel verbunden. Dann werden schon lieber Bezeichnung wie »Generation 50plus« vorgezogen, auch der Begriff »Junggebliebene« geht noch durch. Grundsätzlich wünscht sich diese Zielgruppe neutrale Begriffe der deutschen Sprache.

Aber fest steht auch: Die über 60-Jährigen des neuen Jahrtausends sind keine homogene Masse, die im Fernsehsessel auf »Essen auf Rädern« oder die Fußpflegerin wartet. Mancher Senior ist heute fitter und hobbyreicher als seine 30-jährigen Mitmenschen. Dazu kommt meistens eine altersgemäße Gelassenheit und die Erfahrung von sechs oder mehr Jahrzehnten satten Lebens. Statt uns über die Straße helfen zu wollen, sollte man uns lieber nach dem richtigen Weg fragen!

Statt den Alten über die Straße helfen zu wollen, sollte man sie besser nach dem richtigen Weg fragen!

Streng genommen altert der Mensch bereits ab der Empfängnis. Altern ist ein lebenslanger Prozess. Die Festsetzung der Altersgrenze, also des Zeitpunktes, ab dem man »alt« ist, ist dagegen ein rein soziales Phänomen. Fragt man zehn Personen, ab wann jemand alt sei, bekommt man zehn verschiedene Antworten. Jedes Pauschalurteil wäre hier fehl am Platze. Die Emanzipation der Frauen hat es gezeigt: Ein falsches Bild in den Köpfen der Gesellschaft kann und muss man ändern. Die Vorherrschaft von Patriarchen war und ist ebenso falsch wie die vermeintliche Überlegenheit der Junioren.

Noch bis ins frühe 20. Jahrhundert war Alter gleichbedeutend mit Invalidität und rein biologisch bestimmt. Das Geburtsjahr spielte dabei keine Rolle.

Alt war, wer
1. sich alt fühlte,
2. seine Hausherrenstellung auf Jüngere übertrug oder
3. mit entsprechender Kleidung seiner Umwelt sein Alter signalisierte[1].

Ein Altersabschnitt als eigenständige Lebensphase des »Ruhestandes« entwickelte sich erst in der Zeit der Weimarer Republik. Der gestiegene Lebensstandard, die Rationalisierung der Wirtschaft und die neuen Rentensysteme ermöglichten es den Menschen erstmals, aus dem Zwang der lebenslangen Arbeit auszusteigen. Davor war die eigene Arbeitskraft der maßgebliche Faktor, um das Überleben zu sichern.

Zwar gab es die – oft verklärten und darum heute immer wieder herbeigewünschten – Großfamilien, in denen die Alten ihren Platz hatten. Aber ob sich dieser am warmen Ofen oder der kalten Wand befand, war stark abhängig von der jeweiligen Schichtzugehörigkeit, dem Alter sowie dem Geschlecht.

Bei den alten Griechen gab es 5 Prozent Alte, heute sind es 20 Prozent.

In der Antike dagegen hätten sich manche schon über die kalte Wand gefreut. Wer im demokratischen Athen 60 wurde, hatte nicht viel zu lachen: Die Gesellschaft grenzte alte Menschen systematisch aus. Der Anteil der Alten an der Gesamtgesellschaft lag damals bei rund fünf Prozent, heute sind es über 20 Prozent. Wer das Säuglings- und Kleinkinderalter

---

[1] Peter Borscheid, Professor für Gerontologie an der Universität Marburg

überlebte, konnte nach antiken Zeugnissen mit einer auch nach heutigen Maßstäben »normalen« Lebensdauer rechnen. Für den alten Athener mehr Fluch als Segen. Da Dynamik, Schnelllebigkeit und Innovation die antike Gesellschaft bestimmten und man diese Attribute nur den Jüngeren zuschrieb, war für alles über 60 ganz einfach keine Verwendung. In der athenischen Familie fand mit 60 ein Generationswechsel statt, im öffentlichen Raum verlor die Wissensweitergabe und Wertevermittlung als traditionelle Aufgabe alter Menschen an Bedeutung.

Anders verhielten sich die Römer, hier wurden die alten Menschen wegen ihres umfangreichen Wissens geachtet. In Rom war der Lebensmittelpunkt alter Menschen die Familie. Diese war sogar verpflichtet, dafür zu sorgen, dass es ihren Ältesten gut ging. Gesetz und Sitte gaben den Senioren eine starke Stellung: Der Mann war bis zu seinem Tod Familienoberhaupt, der Frau gebührte eine besondere Ehrenstellung.

Die junge Generation hat auch heute Respekt vor dem Alter, allerdings nur noch beim Wein, beim Whisky und bei den Möbeln.
Truman Capote

Staatlich gelenkte soziale Sicherungssysteme für das Alter gab es aber weder in Athen noch in Rom – der römische Staat sorgte zwar für mittellose Jugendliche, die Altersvorsorge war jedoch Privatsache. In Griechenland und Rom waren die Nachkommen gesetzlich verpflichtet, für die eigenen Eltern im Alter zu sorgen. Wer dieser Aufgabe nicht nachkam, musste mit Haft und im schlimmsten Fall sogar mit der Todesstrafe rechnen. Aber schon damals gab es Kleingedrucktes: Hatten die Eltern sich geweigert,

Politiker hatten es schon im alten Rom gut.

ihren Kindern eine Berufsausbildung zu ermöglichen oder sie zur Prostitution gezwungen, waren die
Kinder von der Fürsorgepflicht befreit. Eines aber
war schon damals nicht anders als heute: Politiker
hatten es besonders gut. Ihnen gewährte man unter
anderem ein lebenslanges Speiserecht im Rathaus[1].

Das demokratische Athen war altersfeindlich, das
republikanische Rom altersfreundlich. Die Grundlage europäischer Traditionen reicht also wie so oft
auch in diesem Punkt bis in die Antike zurück: Menschen ab 60 werden tendenziell aufs Altenteil gesetzt
und haben – mal mehr, mal weniger – Anspruch auf
Versorgung.

Alles aber immer noch besser als auf Sardinien. Laut
einer Legende brachten die Sarden ihre Alten einst
einfach in die Berge und ließen sie dort verhungern.

**Wir brauchen
endlich eine
Seniorenbewegung!**
Auch wenn die Umstände heute glücklicherweise
andere sind: Das Ansehen der älteren Menschen ist
nach wie vor ungerechtfertigt negativ. Darum fordere ich: Nach der Frauenbewegung brauchen wir
endlich eine **Seniorenbewegung**!

Die Gesellschaft ist an einem alten Menschen nicht
mehr interessiert. Noch schlimmer: Die Jüngeren
fühlen sich sogar von ihnen bedroht! Laut einer re-
präsentativen Umfrage im Auftrag des Bundesministeriums für Familie, Senioren, Frauen und Jugend
unter 15- bis 25-Jährigen fürchten etwa drei von vier

---

[1] Prof. Dr. Ernst Baltrusch in »fundiert«, dem Wissenschaftsmagazin der Freien Universität Berlin

Personen um die Verteilungsgerechtigkeit zu Ungunsten der jüngeren Generation. Sei es, weil der Staat mehr Geld für Ältere ausgibt (76 Prozent), oder weil immer weniger Junge immer mehr Rentenberechtigte finanzieren müssen (71 Prozent). 54 Prozent zweifeln an der Durchsetzbarkeit eigener Interessen gegen die der Älteren[1].

Das Ansehen der Senioren ist übel. Nicht nur ihr eigenes, sondern das ganze Umfeld ziehen sie imagemäßig herunter. Der Werbetexter Mitte zwanzig erntet interessiertes Raunen, wenn er neuen Bekannten von seinem Job erzählt, der gleichaltrige Altenpfleger nur ein mitleidiges Zu-mehr-hat-es-wohl-nicht-gereicht-Lächeln. In Städte mit einer hohen Studentendichte will man ziehen, wo dagegen viele Alte wohnen, sollen die doch besser unter sich bleiben.

Gab es in Deutschland 1950 etwa doppelt so viele Menschen unter 20 Jahren wie ältere, so wird es 2050 doppelt so viele ältere als jüngere geben.

Statt Steuern in die Gemeinschaftskasse zu zahlen, schöpfen die Betagten nur noch aus dem großen Topf. Für die Rente, Altersheime, die neue Hüfte. Eine Gesellschaft hat immer nur ein Ohr für die Menschen, die sie braucht. Junge Menschen gebären Kinder, zahlen Steuern, können zu den schwersten Arbeiten herangezogen werden. Alte Menschen machen nichts von alledem. Sie sitzen nur herum und kosten. Und sie bringen auch noch die Alterspyramide zum Einsturz, weil sie damals nicht genügend

Eine Gesellschaft hat immer nur ein Ohr für die Menschen, die sie braucht.

---

[1] Studie »Demografischer Wandel« der TNS Emnid, Medien- und Sozialforschung GmbH im Auftrag des Bundesministeriums für Familie, Senioren, Frauen und Jugend, Januar 2007

Kinder in die Welt gesetzt haben. Ja, haben die denn gar nicht an morgen gedacht? Stattdessen müssen die Jüngeren nun *permanent* an morgen denken, denn da wird's für sie düster. Obwohl sie längst viel mehr vom Leben wollen als die jetzigen Alten, werden sie sich nicht mehr leisten können. Sie werden genauso im Sessel hocken und auf das Ende warten müssen, weil ihr gesamtes Geld in die Versorgung der Generationen vor ihnen geflossen ist.

Kein Wunder, dass der Respekt vor dem Alter heute kaum noch gegeben ist. Wenn so ein Jungspund einen 65-Jährigen als »Friedhofsgemüse« bezeichnet, offenbart es nur zu deutlich, wie es um die Würde des Alters in unserer Gesellschaft steht. In der Liste der »Unwörter des Jahres« und deren Anwärter finden sich gleich mehrere Begriffe, die auf die Alten der Gesellschaft zielen: Rentnerschwemme, sozialverträgliches Frühableben, Langlebigkeitsrisiko, Belegschaftsaltlasten, Altenplage, biologischer Abbau. Leider noch nicht zum Unwort vorgeschlagen ist der Terminus von der **Überalterung** der Gesellschaft. Vielleicht deshalb, weil er kaum noch als Kränkung einer ganzen Generation empfunden wird?

Roman Herzog befürchtet, dass die Jungen von den Alten ausgeplündert werden.

Sogar Altbundespräsident **Roman Herzog** lässt sich hinreißen, vor einer »**Rentnerdemokratie**« zu warnen. Die Parteien nähmen zu viel Rücksicht auf die Älteren, sagte er in einem Zeitungsinterview und verstieg sich zu der Formulierung, die Älteren könnten bald die Jüngeren »ausplündern«. Wahrscheinlich ist Herr Herzog wieder mal gründlich missverstanden worden, aber ich vermute, dass kalte Berechnung hinter solchen Aussagen steckt.

Vielleicht hätte er recherchieren sollen, bevor er populistische Klischees in die Welt posaunt. Dann hätte er feststellen können, dass ältere Menschen im Bundestag eine absolute Seltenheit darstellen. In der letzten Legislaturperiode waren nur 1,6 Prozent der Abgeordneten älter als 65, über 70 war nur ein einziger Abgeordneter. Im jetzigen Bundestag sind noch 0,3 Prozent der Abgeordneten über 65.

Darüber, ob Politiker ihr Volk ausplündern, schweigt Roman Herzog vornehm. Zwar werden viele Politiker nicht müde, hohe Abfindungen von Managern zu kritisieren. Eine ebenso engagierte Diskussion über die Rentenansprüche unserer Volksvertreter vermisse ich schmerzlich. Wer zum Beispiel kennt noch Claudia Nolte? Unter Helmut Kohl war sie vier Jahre lang Familienministerin. Sie wird allein dafür pro Monat etwa 3.700 Euro Rente erhalten.

Hohe Abfindungen für Manager werden von Politikern gern kritisiert, über die eigenen Rentenbezüge wird vornehm geschwiegen.

Die Lücke zwischen Image und Realität

Und trotzdem will niemand jung sterben, sondern jeder so alt wie möglich werden. Aber Halt! Diese klaffende Lücke zwischen dem Image der Senioren und der Realität muss endlich geschlossen werden. Und ich empfinde es als meine Pflicht, jungen Menschen vorzuleben, dass Alter auch das Gegenteil von dem bedeuten kann, was sie größtenteils damit verbinden.

Natürlich gibt es alte Menschen, die inaktiv sind, die der Gesellschaft mehr entnehmen, als sie ihr geben, aber das sind die wirklich Alten, die meiner Meinung nach das vollste Recht dazu haben. Jene, die jahrzehntelang ihren Beitrag geleistet haben und nun akzeptieren müssen, dass sie nicht mehr können. Jene, die nicht deshalb im Sessel sitzen, weil sie keine Lust mehr auf Bewegung haben, sondern weil Stehen oder Gehen schmerzt. Und wer das Glück hat, wirklich 80 oder 90 Jahre alt zu werden, wird dieses Stadium erreichen, ob er will oder nicht.

Trägheit gibt es auch schon in jüngeren Altersklassen, in denen sie physisch noch nicht gerechtfertigt ist. Doch die meisten der über 60-Jährigen sitzen nicht den lieben langen Tag im Ohrensessel, sondern hinter dem Lenkrad, im Fahrradsattel, im Theater. Oder mit den Enkeln auf der Spielplatzwippe. Und die Gesellschaft täte ein Gutes daran, das zu realisieren und zu würdigen.

Das Alter wird immer länger und die Alten immer mehr, die Statistik macht das deutlich. Bei der letzten Bürgerschaftswahl in Hamburg war fast jeder dritte Wahlberechtigte über 60 Jahre alt.

Die Demografie wird ohnehin die Umkehr bringen. Irgendwann gibt es in Deutschland so viele alte Menschen, dass nicht nur die demografischen Strukturen schwanken. Die Masse ihrer Mitglieder wird der »Senioren-Community« einen derart starken Einfluss geben, dass sich die Alten ihr Land schon so hinorganisieren werden, wie es ihnen passt.

Alte bekommen keine Organspenden und keine Kredite.

Bis dato fließt das Geld in die Jugend. Investiert ein Krankenhaus, dann entscheidet es sich vielleicht lieber für die Entbindungsstation und nicht für die Geriatrie. Die Medienberichte über fehlende Kinderbetreuungsangebote und Schulreformen überschlagen sich, über einsame Rentner redet kaum jemand. Organspenden für Menschen über 60 ist schon fast ein Tabuthema, nur eine Randgruppe innerhalb der Wissenschaft und Forschung beschäftigt sich überhaupt damit. Banken verwehren Senioren die Aufnahme eines Kredits mit fadenscheinigen Ausreden.

Der Fokus auf Kindern und jungen Erwachsenen ist richtig und wichtig, doch die Argumentation, die mit dieser Verteilung oft einhergeht, ist schlichtweg diskriminierend. »Wofür brauchen alte Menschen noch eine neue Niere? Ist doch eh bald vorbei. Und was soll ein Kredit? Können sie doch gar nicht mehr zurückzahlen.« Alter und Lebensfreude passen scheinbar nicht zusammen.

Alter und Lebensfreude passen offenbar nicht zusammen.

Alt und klug statt altklug

Jedes einzelne Kind ist wichtig für unsere Gesellschaft, und sein Wohl und die beste Ausbildung liegen mir am Herzen. Aber die meisten Deutschen sind nun mal ältere Menschen. Sie darf man nicht an den Rand des Interesses schieben. Es ist endlich an der Zeit, zu zeigen, wie wertvoll der lebenserfahrene Mensch ist. Diese sehe ich allerdings in der Bringschuld. Die Generation nach uns kann nur von uns lernen, wenn wir sie denn auch lassen.

Ab einem gewissen Alter ist es vorzuziehen, mit der Abendzeitung in den Händen anstatt mit einer Frau im Arm einzuschlafen.
Dino Segre

Wir müssen unser Wissen schon kundtun und nicht erwarten, dass man uns mit Fragen die Bude einrennt. Aber bitte nie mit dem erhobenen Zeigefinger. Man sollte sich immer zurückbesinnen: Wie war ich in dem Alter?

43

Alt und klug wollen wir sein, nicht altklug!

Und: Die Zeiten ändern sich. Des Einen Wissen über Schreibmaschinen mag ja immens sein, aber wenn man damit täglich in einem Internetcafé auf Zuhörer wartet, gilt man zu Recht nicht als beschlagen, sondern verschroben. Lebenserfahren bedeutet auch, das Leben noch immer zu erfahren. Nicht in der Vergangenheit zu leben und sie ständig ungefragt auf den Tisch zu bringen, sondern am Ball der Entwicklungen zu bleiben. Modernes nicht auszublenden, nur weil man selber nicht mehr so ganz »frisch« ist.

Und von wem haben Sie Ihre Meinung?

Alt werden ist ein Geschenk, aber auch eine Verpflichtung. Und diesen Abschnitt mit »Ruhestand« zu beschreiben, ist beinahe schon gefährlich. Man darf nicht gänzlich zur Ruhe kommen. Eine innere Ruhe erreicht zu haben, ist ein wertvolles Gut, aber in der Ganzheit sollte man immer in Bewegung bleiben. Der Geist will ebenso trainiert werden wie der Körper. Auch mit 90 Jahren ist niemand allwissend, ganz egal, wie viel er von der Welt gesehen oder erfahren hat. Es ist noch immer wichtig, neugierig zu sein. Das bedingt Kommunikation, den Diskurs mit Gleichaltrigen sowie mit Jüngeren. Noch immer von anderen zu lernen, und ebenso am eigenen Wissen teilhaben zu lassen.

Leider hat unsere Gesellschaft eine vorgefertigte Meinung, was den Menschen jenseits der 60 noch zu interessieren hat. Warum sollte ich, wenn ich mich fit genug gehalten habe, mit 62 keine Rucksacktour durch Südostasien mehr machen wollen? Vielleicht laufe ich genüsslicher durch den Dschungel, aber die andere Seite erreiche ich allemal. Nur glaubt das kein Reiseveranstalter. Dort geht man davon aus, das Deck eines Kreuzfahrtschiffes würde Seniors Fernweh zur Genüge stillen. Schlimmer allerdings sind Spezialangebote für »rüstige Rentner«. Diese Reduzierung ist in etwa so entwürdigend wie Bücher eigens für »freche Frauen«.

Lobbyisten gesucht

Aber diese Vereinfachung ist nun mal in den Köpfen. Im Sommer 2007 startete das Bundesministerium für Familie, Senioren, Frauen und Jugend sein Internetportal »Wirtschaftskraft Alter«. Eine schöne Idee, nur warum dieser Name? Warum schon wieder eine Reduzierung? Thematisch umschließt es das Wohnen (»Bad ohne Barrieren«), Freizeitideen (»Medikamentenkauf ist Vertrauenssache«),

Denn vom Standpunkte der Jugend aus gesehen ist das Leben eine unendlich lange Zukunft, vom Standpunkte des Alters aus eine sehr kurze Vergangenheit.
Arthur Schopenhauer

Altersvorsorgeinfos (»Finanz-Fahrplan ab 50«) und anderes, doch auch hier fehlt wieder viel. Der klassische Rahmen, in dem sich Senioren – scheinbar! – bewegen, wird eingehalten. Ein Lichtblick ist da das Angebot der Hamburger Volkshochschule. Unter der Bezeichnung »iPod trifft Plattenspieler – Lernen bewegt Generationen« versucht man mit einer großen Anzahl an Kursen, junge und ältere Teilnehmer zum gemeinsamen – auch voneinander – Lernen an einen Tisch zu bringen. Völlig selbstverständlich und realistisch wird dort angenommen, dass sich auch über 60-Jährige für »Lach-Yoga« oder das Digitalisieren der Schallplatten- beziehungsweise Kassettensammlung begeistert.

Die USA sind uns – wie so oft – einen gewaltigen Schritt voraus. Die AARP, die nicht gewinnorientierte Privatorganisation »American Association of retired Persons« (Amerikanische Vereinigung der Ruheständler) ist ein riesiger Club der über 50-Jährigen. Die Organisation hat sich zum Ziel gesetzt, die Lebensqualität der US-Bürger im Alter zu verbessern.

Wann gibt es endlich in Deutschland eine Lobby der Alten?

Davon Kenntnis zu bekommen, ist denkbar einfach, denn pünktlich zum 50. Geburtstag liegt die Einladung im Briefkasten. Die Mitgliedschaft ist ein Türöffner zu einer eigenen Welt. Zu einer Welt, in der die Bedürfnisse speziell der älteren Generation befriedigt werden. Mit einem umwerfenden Angebot. Es gibt Tipps zum richtigen Snowboarden, alle News aus der Wirtschafts- und Politikszene, Specials über Online-Weiterbildungsangebote und vieles mehr.

Mit 38 Millionen Mitgliedern hat die Organisation einen enormen Einfluss, nicht nur innerhalb der USA. Von internationalen Konferenzen zum nationalen Gesundheitssystem erfährt die AARP nicht aus den Medien, sondern ruft sie gemeinsam mit dem Bundesministerium ins Leben. Aufgrund der Organisationsgröße erwirkt die AARP für ihre Mitglieder Vergünstigungen in allen Bereichen des Lebens. Dank beispielhaften Marketings und Mitglieder-Kundendienstes sind Senioren längst nicht mehr die eigentliche Zielgruppe. In der Online-Community der AARP lassen sich Menschen zwischen 13 und 99 Jahren suchen und finden.[1] Vom Urenkel bis zu den Urgroßeltern sind alle in dieser riesigen Gemeinschaft vereint. Wo ist so eine Lobby in Deutschland?

Allerdings sehe ich die AARP nicht nur aus der Sicht des (weit) über 50-Jährigen, sondern auch aus unternehmerischem Blickwinkel. Das ist zielgruppenorientiertes Marketing in Reinkultur: Millionen Nachfrager mit ähnlichen Bedürfnissen treffen auf maßgeschneiderte Angebote. So etwas sucht man in Deutschland lange bis vergebens. Hier ist es noch immer Usus, dass über 80-Jährigen Produkte wie bestimmte Lebensmittel vorenthalten werden, weil sie ganz einfach die Packungen nicht mehr öffnen können. Ältere Menschen müssen endlich als wertvolle Konsumentengruppe und Wirtschaftsfaktor entdeckt werden.

Die Industrie ist nicht gut aufgestellt.

Vereinzelt passiert dies bereits, aber meistens klischeebehaftet und daher zu Recht von der Allgemeinheit belächelt. Größtenteils wird an der Realität vorbei geplant. Ihr jungen Werber! Fragt uns doch einfach mal, was wir wollen. Ich möchte kein »seniorengerechtes Einkaufen«, denn ich bin kein Senior, wie ihr ihn euch ausmalt. Ja, ich freue mich sicher eines Tages, wenn die Preisschilder etwas größer beschriftet sind und setze

Alt werden ist natürlich kein reines Vergnügen. Aber denken wir an die einzige Alternative.
Robert Lembke

---

[1] Damit meine ich eine *unabhängige*, nicht die an das BMFSFJ angeschlossene Bundesarbeitsgemeinschaft der Senioren-Organisationen e.V. (BAGSO). Lieber Leser über 60, haben Sie diese Lobby schon mal wahrgenommen? Ich nicht.

mich während des Shoppens gerne mal auf eine Bank. Aber dort möchte ich bei guter Musik einen Espresso trinken und keine »Frau im Spiegel« vorfinden. Deutschland braucht ein Auto speziell für Ältere, große Tasten auf Handys und Fernbedienungen – aber bitte, ohne es so zu nennen. Auf einer Magerquarkpackung steht ja auch nicht: »Für Kunden mit Wampe!« Wir brauchen eine aufgeweckte Industrie, die die ältere Generation ernst nimmt und die begreift, dass *wir* das Geld in den Taschen haben und nicht die Jugend.

Statt Rücksichtnahme und Solidarität geht es in unserer Gesellschaft um den Beruf. Es gilt das Leistungsprinzip, bestenfalls ist noch von Interesse, wer konsumieren kann. Wer nicht mithalten kann, ist gesellschaftlich unbeliebt und bleibt auf der Strecke. Statt das öffentliche Lebensumfeld den Erfordernissen des Alters anzupassen, werden ältere Menschen von vielen Bereichen des Lebens ausgegrenzt. Das Angebot an altersgerechten Produkten – zum Beispiel benutzerfreundliche Tastaturen für Mobilfunkgeräte, um sie für ältere Mitbürger leichter bedienbar zu machen – nimmt einen kaum nennenswerten Anteil bei den Herstellern ein.

> **Die heutige Jugend ist völlig verdorben. Das löst bei uns Älteren begreiflicherweise einen kolossalen Neid aus. Was haben wir nicht alles verpasst!**
> *Gerhard Kocher*

Eine aktuelle Studie des Deutschen Instituts für Wirtschaftsforschung (DIW) Berlin ergab, dass bereits heute die Kunden über 60 Jahre über einen beachtlichen Anteil der Kaufkraft verfügen. Ihre Ausgaben betragen mit 316 Milliarden Euro jährlich fast ein Drittel der Gesamtausgaben für den privaten Konsum! Dieser Anteil wird bis 2050 rein demografisch bedingt mit 386 Milliarden Euro auf mehr als 41 Prozent der Gesamtausgaben steigen.[1]

Bis zum Umdenken der Industrie werden aber wohl ein paar Jahre vergehen. Der Jugendkult ist noch zu vorherrschend. Das gilt nicht nur für die Konsumgüterindustrie, sondern auch für den Arbeitsmarkt. »Ab 45 ist man nicht mehr vermittelbar.« Was für ein Irrglaube. In körperlich anstrengenden Berufen mag diese Einstellung gerechtfertigt sein, aber anderswo? Der vermeintliche Jugendkult einer Gesellschaft ist eine rein volkswirtschaftliche Sichtweise des Staates. Einzahler wiegen mehr als Entnehmer.

Manches ändert sich, aber noch herrscht der Jugendkult vor.

Diejenigen, die sich obige Meinung auf ihre Argumentefahne schreiben, würde ich gerne bitten, sich einen persönlichen Assistenten zu wählen. Zur Disposition stehen ein 28-jähriger Wildfang, direkt aus der Uni, der Donnerstag bis Samstag die Nächte in den Clubs der Stadt verbringt und sonntags seinen Rausch ausschläft, sowie ein 45-jähriger Familienvater, Marathonläufer, 17 Jahre Branchenerfahrung. Ich persönlich würde nicht eine Sekunde überlegen, dem zweiten Bewerber den Job zu geben. Dank des modernen Jobhoppings, das karrierebestrebte Berufsanfänger beinahe zwingt, alle paar Jahre das Unternehmen zu wechseln, fällt aus meiner Sicht das letzte Argument gegen ältere Arbeitnehmer.

---

[1] Studie des DIW Berlin, BMFSFJ, 12.02.2007

In Asien hat das »Senioritätsprinzip« einen höheren Stellenwert als in Europa. In China nutzt man die Erfahrung und das Auftreten älterer Mitarbeiter erfolgreich für Kundengespräche und Akquisition. Graue Schläfen müssen also kein Hinderungsgrund für gewinnbringende Geschäftsabschlüsse sein.

Fazit

Jeder will alt werden, aber niemand will alt sein. Das wird besonders deutlich, wenn eine ganze Generation nach einem Namen für sich sucht. Denn als »Senior« will keiner gelten. Dabei stehen »die Alten« heute im Rolling-Stones-Konzert und jubeln einem über 60-jährigen Mick Jagger mit Waschbrettbauch zu.

Alter ist kein Fehler, kein Makel, keine Schande, sondern der natürliche Lauf der Dinge. Deshalb brauchen wir eine Seniorenbewegung,

➢ die das gesellschaftlich vorherrschende Bild vom alten Menschen als bedürftig, nutzlos und senil geraderückt,

➢ die die Erfahrung älterer Arbeitnehmer im Geschäftsleben auch über das Rentenalter hinaus nutzt,

➢ die Alten als Kunden wahrnimmt und bedient

➢ und die die Alten selbst zu Aktivität und Engagement motiviert.

Alt sein ist ja ein herrliches Ding,
wenn man nicht verlernt hat,
was anfangen heißt.

Martin Buber

Kapitel 3

Gutes tun tut gut

Anderen helfen hilft mir

Das Gefühl kennen wir alle: Das Lächeln eines Menschen, dem man gerade geholfen hat, macht glücklich! Kaum etwas lässt uns so zufrieden sein wie die Gewissheit, **gebraucht** zu werden. Im Gegenzug macht kaum etwas trauriger, als zu merken, dass man unerwünscht ist, nicht mehr von Nutzen, nicht mehr dazu gehört. Erinnern Sie sich einmal: Haben Sie dieses Gefühl schon einmal gespürt? Falls Sie jetzt einen Kloß im Hals haben, freunden Sie sich am besten gleich mit ihm an, denn er wird Sie Ihre gesamte Rentenzeit begleiten.

Wollen Sie warten, bis Sie »nutzlos« sind? Halten Sie einfach still und warten ab. Irgendwann wird der Tag X schon kommen: Das Berufsleben ist längst Geschichte, die Ex-Kollegen, die in den ersten Wochen noch anriefen und nachfragten, wie die neue Freiheit sich anfühlt, denken im Höchstfalle noch an die Karte zum Geburtstag. Die Kinder führen schon seit Jahren ihr eigenes Leben. Auf der Straße dreht sich seit Ewigkeiten nur noch jemand um, wenn einem die Einkaufstüte aus der Hand rutscht. Die Enkelkinder rollen mit den Augen, wenn sie sonntags »wieder mal zu Oma und Opa müssen«. Wollen Sie auf diesen Tag warten?

In einer leistungsorientierten Gesellschaft zu leben, kann Fluch oder Ansporn sein. Was davon Sie wählen, ist Ihnen überlassen. Leistung kann dabei vieles bedeuten. Im Privaten gehört dazu beispielsweise die Unterstützung der eigenen Familie. Der Schwiegertochter den kompletten Haushalt abzunehmen oder dem Schwiegersohn viermal pro Monat den Firmenwagen zu waschen, natürlich nicht.

Man kann sich nur mit dem Ziel einbringen, für alle Beteiligten ein befriedigendes **Teamwork** zu erreichen. Der Enkeltochter bei ihren Geschichtshausaufgaben als »Zeitzeuge« nahe zu bringen, wie man das eine oder andere historische Ereignis erlebt hat. Eine Landung auf dem Mond kann für eine 14-Jährige trockener Lernstoff sein – oder ein gebannt verfolgtes und somit viel länger erinnertes Highlight, wenn Opa erzählt, wie er damals, die Finger in die Sessellehne gegraben, auf den Schwarz-Weiß-Fernseher gestarrt hat. Der Schwiegersohn ist sicher erleichtert, wenn er neben seinen Pflichten als Arbeitnehmer, Ehemann und Vater am Samstagnachmittag mal ausspannen kann, weil ihm das Rasenmähen abgenommen wird. Und die Tochter weiß beruhigt, dass ihre Kinder sich heute nicht wieder Pizza in den Ofen schieben, während Mama noch im Büro ist, sondern gesund und lecker bei Oma und Opa essen.

Auch im öffentlichen Leben gibt es an allen Ecken Möglichkeiten, sich zu engagieren. Jede Gesellschaft hat immens viele Aufgaben zu vergeben. Mein Ideal lautet, dass jeder aus dem Gesellschaftstopf so viel heraus nimmt, wie er braucht, und so viel hinein gibt, wie er kann. Nicht, um eine Pflicht zu erfüllen oder das Gewissen zu beruhigen, sondern um zu *leben*, statt nur zu *funktionieren*. Schließlich braucht jedes Leben einen Sinn. Über kurze Phasen mag dieser vielleicht zwischen Ohrensessel und Großbildfernseher zu finden sein, aber über Jahrzehnte führt Lethargie nicht zur Erfüllung, sondern unter die Erde.

Es gibt überall Möglichkeiten, sich zu engagieren.

Es gibt kein Netz, das jene auffängt, die sich fallen lassen.

Ohne eigene Initiative bedeutet das »Alter« in unserer Gesellschaft schnell den **Verlust jeglicher Herausforderungen** und damit über kurz oder lang den Verlust von Sinn, von Kraft, von **Identität**. Wer das nicht erleben will, muss rechtzeitig gegensteuern und sich mit Positivem befassen.

Je älter man wird, desto ähnlicher wird man sich selbst.
Maurice Chevalier

Mit Dingen, die einem jeden Tag lebenswert machen und mit denen man all das kompensieren kann, was einst durch den Berufsalltag abgedeckt war.

Die Hoffnung, dass Menschen, in deren täglichem Leben wir keine Rolle mehr spielen, weiter regelmäßig anrufen und sich nach unserem Befinden erkunden, muss man sich abschminken.

Und das ist eine Menge! Verantwortung, Kreativität, **Bestätigung**. Von dem Austausch mit den Kollegen oder Mitarbeitern ganz zu schweigen. Über Jahre und Jahrzehnte eine feste Tagesstruktur zu haben, einen geregelten Ablauf, eine ernstzunehmende Aufgabe, und über mehrere Stunden am Tag mit den unterschiedlichsten Menschen zu tun zu haben, das prägt. So sehr, dass selbst die Schweigsamsten unter uns nach kurzer Zeit die ständigen Fragen oder Erzählereien ihrer Kollegen vermissen. Die Hoffnung, dass Menschen, in deren täglichem Leben wir keine Rolle mehr spielen, weiter regelmäßig anrufen und sich nach unserem Befinden erkunden, muss man sich abschminken. Jeder Mensch ist ersetzbar. Das gilt für die Verkäuferin, bei der Sie seit Jahren Ihr Frühstücksbrötchen holen, ebenso wie für den Bürgermeister Ihrer Stadt. Schade, denken wir kurz, wenn jemand Gewohntes den Job wechselt oder das Amt niederlegt, aber mit dem Nachfolger hat man sich schnell arrangiert.

Wer da nicht komplett von der Bild- beziehungsweise Erinnerungsfläche verschwinden will, muss sich seinem Umfeld immer wieder ins Gedächtnis rufen. Wer ein Teil des Kommunikationsnetzes bleibt, wird niemals allein und abgeschoben sein. Wer sein Alter einsam, arm und gelangweilt verbringen muss, hat kein Pech, sondern selbst Schuld.

Wer im Alter einsam und verlassen ist, hat oft kein Pech, sondern Schuld.

Ein **Ehrenamt** zu übernehmen ist eine sensationelle Möglichkeit, »im Spiel« zu bleiben. Wer sich engagiert, wer seine sozialen Kontakte pflegt, braucht keine Angst zu haben, zu vereinsamen. Allerdings sollten neben diesen selbstbezogenen auch selbst*lose* Beweggründe ihren Platz haben! Schließlich geht es hierbei nicht nur um das Nehmen, sondern immer auch um ein Geben.

Die Zeit vergeht nicht schneller als früher, aber wir laufen eiliger an ihr vorbei.
George Orwell

Gemeinschaft mit all ihren Rechten und Pflichten war mir schon als Heranwachsender wichtig. Meine Eltern vermittelten mir diese Werte und ich lebte sie. In der Schule war ich Klassensprecher, als Jugendlicher im CVJM (Christlicher Verein Junger Menschen), seit meinem 18. Lebensjahr bin ich politisch aktiv, seit meinem 20. Lebensjahr betreue ich Ehrenämter, war und bin Vorsitzender diverser Partei- und Sportverbände. Wir alle haben eine **Pflicht** gegenüber der Gesellschaft, in der wir leben wollen. Jeder von uns ist ein kleines Rädchen im Wertesystem, aber jedes dieser Rädchen ist wichtig, um das System optimal am Laufen zu halten. Auch wenn es teilweise so scheint, als würden nur die ausgefahrenen Ellenbogen Erfolg garantieren, zählt doch letztendlich nur das Miteinander.

Jeder hat eine Fähigkeit, die einem anderen fehlt.

Jeder hat eine Fähigkeit, die einem anderen fehlt. Jeder kann und muss seinen Beitrag zum Ganzen beisteuern. Der Schlüssel zum Glück liegt in der **Kooperation**. Gäbe es eine Volksbewegung mit dem Ziel, ein Gesetz auf den Weg zu bringen, das jeden Bürger ab einem bestimmten Alter verpflichtet, sich ehrenamtlich zu engagieren, ich würde sofort meine Unterschrift auf die Liste setzen. Bereits als Jugendlicher sollte man diesbezüglich Erfahrungen sammeln. Was in jungen Jahren prägt, behält man für sein ganzes Leben.

Was zerbricht man sich den Kopf darum, wie man Jugendliche in sozialen Brennpunkten zurück auf den richtigen Weg bringt. Wie man sie von der Straße holt, ihnen Sinn vermittelt. Da werden verfallene Garagen zu »Jugendzentren« umgewandelt, wird in Laientheatergruppen improvisiert. Ich bin der Überzeugung, dass es weitaus effektiver wäre, die jungen Menschen in ehrenamtliche Engagements zu bringen. Nicht als »Projektwoche«, sondern dauerhaft. **Freiwilligenarbeit** sollte so selbstverständlich sein wie der Schulbesuch. Das wäre nicht nur ein enormer Gewinn für die Gesellschaft, sondern auch für jeden dieser Jugendlichen.

Erst prägen wir unsere Gewohnheiten, dann prägen die Gewohnheiten uns.
John Dryden

Werte wie Respekt und Fürsorge kann man nur im direkten **Miteinander** lernen. Dieses Miteinander fehlt den meisten Heranwachsenden, und das Resultat ist ein erschreckender Werteverfall, wie wir ihn immer wieder erleben müssen. Auch hier sehe ich einen Ansatzpunkt für uns lebenserfahrene Menschen. Das Ehrenamt kann eine wunderbare Nahtstelle zwischen Alt und Jung sein. Warum sollen nicht Senioren als Gesprächspartner für Kinder aus so genannten »Problemfamilien« dienen? Hier die jungen Menschen, die sich nach einer »Oma« sehnen, einem Menschen, der sich Zeit nimmt und ihnen zuhört, und dort die vielen alten Menschen, die im Grunde genau denselben Wunsch haben. Brächte man diese beiden Seiten zueinander, hätten wir das, was Marketingleute eine Win-Win-Situation nennen.

Doch auch in der eigenen Altersgruppe finden Senioren ausreichend Möglichkeiten, sich zu engagieren. Was wäre es für ein Gewinn an Solidarität und Menschlichkeit, wenn jeder Rentner oder Pensionär beispielsweise die Aufgabe übernähme, sich um einen anderen, noch älteren Menschen zu kümmern. Bei Besorgungen zu helfen, ein offenes Ohr zu haben, aus der Tageszeitung vorzulesen, das Gegenüber für die Schachpartie zu sein. Sich einen oder zwei Nachmittage in der Woche zu engagieren. Ich finde es erschreckend und unzumutbar, dass es in unserem Land Menschen gibt, die den letzten Abschnitt ihres Lebens aufgrund von unverschuldeter Immobilität in Einsamkeit verbringen müssen. Sei es nun in den eigenen vier Wänden oder einem Alten- und Pflegeheim. In Letzterem lebt man zwar nicht allein, aber genauer betrachtet ist man es dennoch.

Ich rate jedem 50-Jährigen, der der Meinung ist, die Rentenzeit auf sich zukommen lassen zu können

Das Ehrenamt kann eine wunderbare Nahtstelle zwischen Alt und Jung sein.

und »mal zu schauen, wie es dann so wird«, sich nur eine Stunde Zeit zu nehmen und durch ein Altenheim seiner Wahl zu spazieren. Abschreckung durch Konfrontation. Wer einmal gesehen – und gerochen – hat, wie alte Menschen nach Jahrzehnten voller Leben, Karriere und Familie in dem Gros der deutschen Heime vergessen den ausgetrockneten Kuchen herunterwürgen, lässt nie wieder einfach »alles auf sich zukommen«.

Früher gab es dieses erschreckende Bild selten, weil man starb, bevor einen dieses Schicksal ereilen konnte. Heute, dank der gestiegenen Lebenserwartung, können wir es uns nicht mehr so einfach machen. Jetzt heißt es, die eigene Zukunft aktiv selbst zu bestimmen.

Den Strapazen eines Altersheimes wären allenfalls junge Leute gewachsen. Aber doch keine hochbetagten Menschen!
Prof. Dr. med. Gerhard Uhlenbruck

Wir Menschen in Deutschland leben heute über 30 Jahre länger als noch vor 100 Jahren! Von den gut 80 Millionen Bundesbürgern waren 2004 fast 20 Prozent über 65 Jahre alt. Zehn Jahre zuvor waren es nach Angaben des Statistischen Bundesamtes erst 15 Prozent. Zudem steigt die Lebenserwartung von Jahr zu Jahr. Wer 2002 den sechzigsten Geburtstag feierte, hatte durchschnittlich noch 20,05 Jahre Lebenszeit vor sich. 2004 waren es bereits 20,27 Jahre, 2006 sogar 20,58 Jahre.[1]

Wer dann im Alter kein soziales Netz hat, kein Engagement, keine Hobbys, der wird automatisch verschroben. Wenn alle Gesprächsthemen wegbrechen, bleibt einem nichts anderes übrig, als sich über die

---

[1] Statistisches Bundesamt Deutschland, 31.08.2007

eigenen Zipperlein auszulassen. Zum einen, weil das dann allein den Alltag bestimmt, und zum anderen, weil jeder Mensch ab und an ein wenig Aufmerksamkeit braucht. Und wenn die nicht auf anderen Wegen erreicht wird, beispielsweise in einem Sportkurs, gehört man zwangsläufig bald zu denen, die die Wartezimmer der Arztpraxen durchtouren und jedem ihre Krankengeschichte aufzwingen.

Wir haben das Privileg der Wahl, nicht nur im Alter: verdrängen oder annehmen, passiv oder aktiv.

Ich habe mich hundertprozentig für Ersteres entschieden.

Will nicht jeder Spuren hinterlassen? Soll diese Zeitspanne, die wir auf der Welt haben, nur uns selber dienen, oder sollen auch andere, nach uns Kommende, einen Nutzen davon haben? Auf dem Polster: »Ich habe Kinder in die Welt gesetzt, ich hinterlasse also Spuren« sollte man sich nicht ausruhen. Ebenso wenig darauf, dass diese in die Welt gesetzten Kinder einem die Rente versüßen. Darauf kann man lange warten.

> *Das Alter setzt uns allen Demütigungen aus, wenn wir ihm nicht Eigenschaften verleihen, die der Jugend versagt sind.*
> *Emanuel Wertheimer*

Sollte man aber nicht, denn das ist nicht deren Aufgabe. Das »Alle für einen, einer für alle«-Familienbild der früheren Generationen existiert nicht mehr. Wir sind nicht mehr im alten Rom und unsere Kinder nicht für unser Wohlbefinden zuständig. Das Gros von ihnen plant weder, uns später ihr Arbeitszimmer als Schlafraum zu überlassen, noch täglich mit Mama, Papa und dem Gehwagen durch den Park zu schleichen. Wer sich auf ein derartiges Zukunftsbild verlässt, kann nur enttäuscht werden.

Wer Nachwuchs zeugt, um im Alter keine Langeweile zu haben, ist ein Narr.

Meine Kinder sind selbst Eltern, haben ihre eigenen Familien, ihr eigenes Leben. Statt mir im Alter jeden Mittag frisches Chicken Curry vorbeizubringen, haben sie genug zu tun mit Job, Haushalt und den täglichen Chauffeurdiensten zum Hockeytraining, Klavierunterricht, Elternabend. Wer Nachwuchs zeugt, um im Alter keine Langeweile zu haben, ist ein großer Narr. Kinder haben das Recht, Entertainment einzufordern, Erwachsene nicht. Das ist ja das Schöne am Kindsein. Man hat kaum Pflichten, aber viele Rechte. Man muss – und will! – unglaublich viel lernen und braucht Lehrer.

Das Lernen funktioniert über Spielen, man braucht also Menschen, die sich Zeit nehmen. Die sich dem Kind gerne widmen, ihm das Leben und seine Werte spielerisch vermitteln. Sobald aus dem Kind ein Erwachsener geworden ist, kehrt sich diese Gleichung aus Rechten und Pflichten allerdings um. Man ist nun selbst an der Reihe, zu lehren. Wer als 60-Jähriger noch immer mit verschränkten Armen auf dem Sofa sitzt und auf Animation wartet, hat verloren – nicht nur sich, sondern auch den Bezug zum Leben. Wer mit 60 noch nicht gelernt hat, das Steuerrad für sein persönliches Schicksal in die eigenen Hände zu nehmen, auf den wartet mit allergrößter Wahrscheinlichkeit das große, schwarze Loch namens **Depression**.

Leben heißt Arbeit. Und selbst wenn das Berufsleben vorbei ist, geht das Arbeiten weiter, das muss man wissen. Wenn man von großen Illusionsblasen umhüllt in die Rentenzeit stolpert, ist die Realität wie ein Vorschlaghammer, der einen direkt gegen die Stirn trifft. Dabei muss der Begriff »arbeiten« unbedingt von den negativen Assoziationen getrennt werden, die ihn speziell in Deutschland umgeben.

Arbeiten bedeutet für mich: Kommunikation, Weiterentwicklung, Horizonterweiterung. Ich finde kaum etwas schlimmer als Aussagen wie »ich hab lange genug geschuftet, jetzt leg ich nur noch die Beine hoch« oder »lernen sollen die Jüngeren, ich hab genug getan«. Warum sollte es für die

Ich werde nicht alt, ich lebe nur lange.
Unbekannter Verfasser

persönliche Entwicklung eine Altersgrenze geben? Das würde ja bedeuten, dass es etwas Lästiges ist. Etwas, womit irgendwann endlich Schluss sein sollte. Ich meine: Niemals darf damit Schluss sein! Lebenslanges Lernen ist Freude, ist ebenso Pflicht, wie Gelerntes ein Leben lang weiterzugeben.

Dafür müssen wir aber zunächst diese üblen Vorurteile über Bord werfen, Alter bedeute Verfall und ein Wegbrechen jeglicher Produktivität. Nicht »Alter« ist der Sündenbock, sondern **mangelnde Trainiertheit**. Wenn ich das nächste Jahr weitestgehend im Sitzen verbringe, schaffe ich den Stadt-Marathon auf keinen Fall. Und wenn ich das nächste Jahr meine Infos vollständig aus der bundesdeutschen Tageszeitung beziehe, die mich angeblich »bildet«, glaube ich beim nächsten Wetterballon auch felsenfest an ein UFO.

»Alle Polen klauen«

Eine Umfrage aus dem Jahr 2007 des Magazins ZEIT WISSEN ergab, dass 56 Prozent der über 50-Jährigen »gerne länger als bis zum 65. Lebensjahr berufstätig sein würden, wenn es die körperliche Fitness noch erlaube.« Warum diese **Angst**? Es gibt keinerlei wissenschaftliche Belege, dass ein 65-Jähriger unfähiger zur Ausübung eines Berufes wäre als ein 45-Jähriger. Leistungsabfall und schwindender Nutzen sind kein Fakt, sondern ein von Generation zu Generation geschlepptes Vorurteil.

Würde ich mich mit einem Megafon auf die Straße stellen und grölen: »Jeder Pole hat schon mal geklaut!«, würde man mich zu Recht der Diskriminierung und üblen Nachrede beschuldigen. Ich würde mich für diese niederträchtige Pauschalisierung rechtfertigen müssen. Rufe ich in dasselbe Megafon: »Alte Menschen sind schwächer als junge!«, wäre das ein ebenso bodenloses Vorurteil, aber niemand würde sich darüber aufregen. Wahrscheinlich gäbe es sogar zustimmende Schulterklopfer.

Welch triste Epoche, in der es leichter ist, ein Atom zu zertrümmern, als ein Vorurteil.
Albert Einstein

Es ist kein Wunder. Ebenso wie Kinder dank Zeitschriften und Fernsehen trotz aller veränderter Gesellschaftsmodelle damit aufwachsen, dass Mamas bügeln und Papas höchstens ihre Werkbank putzen, bekommen sie über die Medien von klein auf ein ebenso vorgefertigtes Altenbild: Omas sind grau, tragen Brille und machen tolle Hackbraten, Opas granteln im Fernsehsessel und erzählen vom Krieg.

Dieses Bild ist längst nicht mehr haltbar, und doch wird es unverändert weitergetragen.

Ich habe selbst Enkelkinder. Ich war noch niemals mit dem Bus an der Mosel, stattdessen komme ich gerade mit dem Rucksack aus China zurück. Ich arbeite jeden Tag, und zwar mit großer Freude. Mein erster Marathon liegt nur ein paar Jahre zurück. Ich habe meinen eigenen Internetauftritt und bin kulturell absolut auf der Höhe. Mit diesem Lebensstil bin ich kein Exot, sondern ein ganz normaler Vertreter meiner Generation. Nur scheint das, speziell aus den Reihen der Jüngeren, niemand wahrhaben zu wollen. Und damit meine ich nicht vorrangig die 20-Jährigen, sondern auch jene, die keine zehn Jahre nach mir geboren wurden. Das Bild des trägen Rentners ist derart in unseren Köpfen verankert, dass wir es sogar in die eigene Rentenphase mitnehmen. Und dann wirkt es wie jede Autosuggestion: Es wird wahr.

Das Bild des trägen Rentners ist derart in unseren Köpfen verankert, dass wir es in die eigene Rentenphase mitnehmen.

Schlimm genug, dass wir das Bild selbst in uns tragen. Aber selbst wenn wir uns dagegen wehren, prallt es von außen permanent auf uns ein. Tauchen alte Menschen im Fernsehen auf, dann bei der Vorstellung ihrer – jüngeren – Nachfolger als Trainer/Moderator/Fernsehkommissar oder in Reportagen über die dramatischen Zustände in Pflegeheimen.

Die Jugend sei nicht übermütig gegen einen Greis. Denn was wir sind, ist er gewesen, und was er ist, das werden wir sein.
Papst Innozenz III

Positive Zeugnisse der Jugend gibt es reichlich, Zeugnisse des Verfalls der Alten ebenso. Dazwischen klafft eine immense Lücke. Ein treffendes Beispiel ist die Werbung für pflegende Kosmetik. Es gibt Cremes, die junge Haut pflegen und solche, die nicht mehr ganz so junger Haut den Anschein geben soll, jung geblieben zu sein. Das Model für die erste Kampagne ist 20 Jahre alt, das Model für die zweite ist 25. Alternativ irgendwo zwischen 30 und 40, dann aber derart am Computer retuschiert, dass höchstens noch die Frisur oder das Kaschmir-Twin-Set das wahre Alter verraten.

Eine Creme für eine in Würde gealterte 60-Jährige existiert nicht. Zumindest wird sie nicht beworben. Vielleicht brauchen 60-Jährige keine Cremes. Wahrscheinlich lohnt es schlichtweg nicht mehr. Es existiert auch keine Creme für eine 45-Jährige, die *gerne* wie 45 aussieht und sich dennoch pflegen möchte. Für Männer ist das Feld noch grauer. Jungen Männern traut man inzwischen sogar ein gewisses Körperbewusstsein zu, für ältere muss Rasierwasser genügen.

Die Zielgruppe zwischen jungen Konsumenten und Pflegebedürftigen gibt es nicht.

Dieses Beispiel lässt sich auf etliche Bereiche des Konsumgütermarktes übertragen. Eine Bekannte meinte neulich, für Frauen ihres Alters gäbe es an Lektüre nur noch die Apotheken-Rundschau, in einschlägigen Kreisen auch »Rentner-Bravo« genannt. Genau so sieht es aus: Produkte sind entweder für die junge beziehungsweise »auf jung machende« Zielgruppe, oder sie dienen der Altenpflege. Die Jahrzehnte dazwischen scheinen nicht zu existieren. Und weil der Mensch ganz altersunabhängig ein Herdentier ist, rennt er der – vermeintlichen – Masse nach und taucht, statt sich zu wehren, selbst im Alter in der Gruppe der Jugendfanatiker unter.

So kann es nicht weitergehen. Wir dürfen uns den Wert mehrerer Jahrzehnte unseres Lebens nicht länger streitig machen lassen. Wem ständig eingeredet wird, er wäre schlapp, der *wird* auch schlapp! Unabhängig vom psychischen Schicksal des Einzelnen ist diese Denkweise für die Zukunft unserer Gesellschaft verhängnisvoll. Wir alle kennen die demografischen Prognosen. Es dauert nicht mehr lange, dann ist der Anteil der Älteren um einiges größer als der der Jugend. Eine unproduktive Gemeinschaft der Schlaffen und Trägen also? Was für eine fatale Einstellung! Eine Gesellschaft ohne Selbstbewusstsein kann nicht überleben. Eine Gesellschaft, die ihrer Mehrheit einredet, kein gesundes Selbstbewusstsein haben zu dürfen, beraubt sich ihres eigenen Fundaments und gleichzeitig ihrer eigenen Zukunft.

Eine Gesellschaft ohne Selbstbewusstsein kann nicht überleben.

Speziell für den beruflichen Bereich muss ein Umdenken stattfinden. Mehrere Studien belegen, dass das Alter eines Mitarbeiters beispielsweise im Dienstleistungssektor kaum Einfluss auf seine Produktivität hat. Wo körperliche Belastbarkeit in Teilen abnimmt, kommen Lebenser-

Selbst angesetzter Rost vermag mitunter zu verschönen.
Martin Gerhard Reisenberg

fahrung oder Erfahrung durch längere Betriebszugehörigkeit als ausgleichendes Element hinzu. Auch für körperlich stark fordernde Berufe wie im Bereich des verarbeitenden Gewerbes zeigt sich ein erstaunliches Bild: Den größten Produktivitätsbeitrag leisten dabei die Beschäftigten im Alter von 25 bis 44 Jahren. Die Gruppe der über 54-Jährigen jedoch ist produktiver als die jüngste Altersgruppe der 15- bis

24-Jährigen. Erfahrung spielt eine nicht zu unterschätzende Rolle[1].

Die Krankheiten unserer Zeit haben ihre Wurzel nicht im Lebensalter, sondern der Lebensweise.

Sicher, ein körperlich anstrengender Job laugt aus. Aber: Fünfzehn Jahre Zementsäcke zu schleppen zerstört einem die Bandscheiben, egal, ob man mit 20 oder 45 gestartet ist. Generell jedoch hat ein älterer Mensch, der sich gesund ernährt und ausreichend Sport treibt, keine physischen Defizite gegenüber seinem jüngeren Kollegen. Die Krankheiten unserer Zeit haben ihre Wurzel nicht im Lebens*alter*, sondern der Lebens*weise*. Herz-Kreislauf-Erkrankungen, Diabetes und Co. sind »Wohlstandskrankheiten«, keine Altersbeschwerden.

Das University Medical Center in Hamilton, Ontario, veröffentlichte zum Thema »Alter und Fitness« 2007 eine aufschlussreiche Studie. Ausgangswissen war Folgendes: Wenn Muskeln altern, schwinden sie nicht nur, dem Gewebe steht auch weniger Energie zur Verfügung. Grund dafür ist, dass mit den Jahren die Leistung der **Mitochondrien** abnimmt. Diese Zellorganellen funktionieren als winzige Kraftwerke, die den Zellen Energie zur Verfügung stellen. Die US-Wissenschaftler verglichen nun für ihren Test Muskelkraft und Mitochondrienfunktion von 25 gesunden, im Schnitt 70 Jahre alten Männern und Frauen mit der von 26-jährigen Kontrollpersonen. Anhand von Gewebeproben ließ sich feststellen, dass die Mitochondrienfunktion mit dem Alter deutlich abnahm.

---

[1] Rostocker Zentrum zur Erforschung des demografischen Wandels, Dezember 2006

Das galt auch für die Muskelkraft: Zu Beginn der Studie erzielten die älteren Probanden Leistungen, die um rund 60 Prozent unter der der jüngeren Vergleichsteilnehmer lagen. Nachdem die Senioren ein halbes Jahr lang zweimal pro Woche 30 Minuten im Fitnessstudio trainiert hatten, hatte sich das Bild geändert: Die Kraft der älteren Probanden hatte sich deutlich messbar gesteigert und lag nur noch um rund 40 Prozent unter der der jungen Teilnehmer. Noch erstaunter waren die Forscher jedoch, als sie herausfanden, dass sich die Mitochondrienleistung der Alten dem Niveau der Mittzwanziger angeglichen hatte. Also: Rein in die Turnschuhe, ab zum Training! Egal, ob Sie 30 oder 70 sind!

Gehirnjogging: Trendsport der Zukunft

Bei allem Körperkult aber bitte nicht den Geist vergessen. Gehirnjogging ist der Trendsport der Zukunft. Geistige Aktivität, soziale Kontakte und körperliche Bewegung lassen erwiesenermaßen in jedem Alter neue Nervenzellen sprießen. Auch hier können wir dank neuer Studien ein **übles Vorurteil begraben**. Das Dogma, das Gehirn könne sein Leistungsvermögen ab Kindesalter bestenfalls auf einem bestimmten Niveau halten und entwickle sich im Alter sogar zurück, ist endlich wissenschaftlich widerlegt. Neurologen, Biochemiker und Ärzte tragen immer mehr Hinweise dafür zusammen, dass das genaue Gegenteil der Fall ist: Das permanente Heranwachsen neuer Nervenzellen. Eine Neubildung, die bis ins hohe Alter anhält.

Nimm die Erfahrung und die Urteilskraft der Menschen über 50 heraus aus der Welt, und es wird nicht genug übrig bleiben, um ihren Bestand zu sichern.
Henry Ford

Wie fit man ist, entscheidet nicht das Geburtsdatum, sondern man selber.

Doch zu wirklich funktionstüchtigen Neuronen reifen sie nur, wenn man sie auch ordentlich füttert: mit geistiger Herausforderung. Wie fit man also bleibt, entscheidet nicht das Geburtsdatum, sondern man selber. Laut Kristín Gunnarsdóttir von Kistowski, einer Expertin des Max-Planck-Instituts für demografische Forschung, findet sich die Wurzel des biologischen Alters

➢ zu erstaunlichen **drei Vierteln im Verhalten**, also der Lebensweise, dem Lebensstil sowie den Umweltfaktoren.

➢ Nur **ein Viertel** des Alterns, das haben Zwillingsstudien gezeigt, ist **genetischen Faktoren** zuzuschreiben.

Alt beziehungsweise das, was unsere Gesellschaft damit assoziiert – träge, störrisch, intolerant –, ist also nicht, wer das 60. Lebensjahr überschritten hat, sondern wer wochenends mit »null Bock« zu Hause hockt, mit Junkfood und Trash-TV die Langeweile bekämpft und sich werktags zu einem Job schleppt, auf den er noch nie Lust hatte. Lasst diesen Menschen 25 Jahre alt sein und ich sage: Ich, Jürgen Hunke, Jahrgang 1943, bin jünger! Und produktiver! Begraben wir also endlich die Pauschalisierung des Alters.

Das Alter ist ein Segen, getarnt als Fluch.
Peter E. Schumacher

Die Realität sieht so aus: Auf der einen Seite gibt es die Menschen unter 20. Sie sind jung, müssen und wollen noch viel lernen, strahlen Motivation und Frische aus. Auf der anderen Seite gibt es Menschen über 85, die jahrzehntelang ihren Beitrag geleistet haben und denen nun das Recht zukommt, sich von der Gesellschaft zurückzuziehen und versorgt zu werden. Übrig bleibt nach dieser Einteilung die immens große Gruppe der 21- bis Anfang-80-Jährigen, die die Gesellschaft durch körperliche und/oder geistige Energie kräftig vorantreiben. Wenn schon Schubladendenken, dann dieses!

Jeder von uns muss seinen Teil dazu beitragen, diese Revolution des Altersbildes zu manifestieren. Was sich über Jahrzehnte verhärtet hat, lässt sich nicht im Eiltempo wegwischen. Aber eine Grenze kann sofort gezogen werden. Wenn sie sich bei anderen auch noch halten wird, aus unseren eigenen Köpfen können wir die üble Denkweise auf der Stelle hinauswerfen. Unser aller Prämisse muss lauten:

In der modernen Welt ist der alte Mensch vom Ratgeber zum Ratsuchenden degradiert.

> **Stopp! Ich lasse nicht länger zu, dass Senioren als Menschen zweiter Klasse und von zweifelhaftem Nutzen abgestempelt werden.**

Schluss mit der Diskriminierung. Ich gehe als Beispiel voran und werbe kräftig für unseren Feldzug. Das Bild der Alten muss sich endlich der **Realität** anpassen. Dafür müssen wir den Jungen zeigen, wozu wir fähig sind. Es muss in ihre Köpfe,

➤ dass wir es sind, von denen sie an den Universitäten lernen,

➤ dass wir es sind, die die Krankenhäuser leiten, in denen sie behandelt werden möchten,

➤ dass wir auf den Chefsesseln sitzen, auf denen sie eines Tages Platz nehmen wollen. Wenn wir sie *lassen*, nicht wenn sie uns auffordern, den Platz zu räumen.

Es ist unerhört, dass *wir* es billigen, dass man über Jahre zu uns aufschaut, uns als Experten auf gewissen Gebieten achtet, von uns lernt, und dann, weil eine gewisse Altersgrenze es zu rechtfertigen scheint, alles daran setzt, uns aus dem offiziellen Leben hinausschieben zu wollen. Oder, was noch dramatischer ist: Uns einredet, unser Zenit sei überschritten und zusieht, wie wir ganz von allein kleinlaut unsere Sachen packen.

Der Verstand ist bei den Alten.
Hiob 12

Wer arbeiten will, dem sollte das leicht gemacht werden.

Der Zenit ist erreicht, wenn man keine Lust mehr hat oder tatsächlich keine Leistung mehr bringt. Wer nicht mehr arbeiten *möchte*, sollte immer die Möglichkeit haben, aus dem Berufsleben auszuscheiden und in die Rentenversorgung einzutreten, aber wer arbeiten will, darf nicht daran gehindert werden, weiter der Aufgabe nachzugehen, die zu Lebenssinn und Selbstbewusstsein beiträgt oder ganz einfach Spaß macht. Für das eigene Leben wie die Gesellschaft gilt: Man kann die Vergangenheit nicht mehr gestalten. Aber man kann die Gegenwart und vor allem die Zukunft beeinflussen.

Alter verpflichtet!

Die Älteren einer Gesellschaft haben die Pflicht, die nachfolgenden Generationen zu fördern. Mit allen Mitteln, die ihnen zur Verfügung stehen. Ihrem Wissen, ihrem Einfluss, ihrem Geld. Da höre ich schon die ersten Aufschreie. Aber lesen Sie bitte zunächst weiter.

Das Thema »demografischer Wandel« wird hierzulande von der falschen Seite angepackt. Dass die Gesellschaft immer älter wird und der Anteil der Menschen über 60 Jahre überproportional steigt, ist bekannt. Wir alle haben die dramatischen Prognosen x-mal gelesen. Dennoch scheint es vielen nicht klar zu sein, was genau auf unsere Gesellschaft zukommt. Daher an dieser Stelle noch einmal einige Fakten:

2050 wird es in Deutschland doppelt so viele 60-Jährige wie Neugeborene geben.

➢ Im Jahr 2005 waren 20 Prozent der Bundesbürger unter 20 Jahre alt. 2050 wird der Anteil dieser Altersgruppe nur noch 15 Prozent betragen.

➢ Im Gegenzug lag der Anteil der über 60-Jährigen 2005 bei 25 Prozent. 2050, und bitte überlesen Sie diese Zahl nicht voreilig, werden es sagenhafte 40 Prozent sein!

➢ 2050 wird es in diesem Land doppelt so viele 60-Jährige wie Neugeborene geben.

➢ Der Altenquotient, also das Verhältnis zwischen den Personen im Renten- und denen im Erwerbsalter (hier: bis 60 Jahre) lag 2005 bei 45 Prozent. 2050 wird er bei kaum vorstellbaren 91 Prozent liegen. Das heißt, auf 100 Bürger im erwerbsfähigen Alter kommen über 90 Rentner![1]

---

[1] Statistisches Bundesamt, Bevölkerungsentwicklung in Deutschland bis 2050, Wiesbaden 2006

Und da fragt sich noch jemand, ob die »Rente ab 67« notwendig ist? Hinter diesen Daten verbirgt sich eine enorme Anzahl an Menschen, die ihr Recht auf eine staatliche Rente in Anspruch nehmen, folglich keine Lohnsteuer mehr zahlen. Wobei »verbergen« es nicht trifft, denn diese alten Menschen werden sehr öffentlich sein und das Bild der Städte dominieren! Und natürlich müssen wir darüber reden, wie diese immensen Ausgaben finanziert werden sollen.

Die Rente mit 67 gibt endlich auch den Menschen mit weniger gefährlichen Berufen die Chance, bei der Arbeit zu sterben.
Stephan Sarek

Die Katastrophe sind nicht die vielen Alten, sondern die wenigen Jungen!

Aber ich fordere: Richtet den Fokus auf die andere Seite! Die Katastrophe sind nicht die vielen Alten, sondern die wenigen Jungen! Dort muss das Geld hin. Deutschlands Problem liegt nicht vorrangig in der kippenden Alterspyramide, sondern in der im internationalen Vergleich mangelhaften Ausbildung des Nachwuchses. Die **Zukunft** des Landes sind nun mal nicht wir Älteren, selbst wenn wir bald die größte Gruppe innerhalb der Bevölkerung bilden. Die Zukunft sind unsere Nachkommen und deren Nachkommen. Die zwar aufgrund der demografischen Strukturen eine ganz andere Ausgangsposition haben als die Generation der »Babyboomer«, aber den entscheidenden Druck von außen erfahren:

Nicht uns Alten müsst ihr Jungen etwas beweisen, sondern gleich der ganzen Welt!

Früher reichte ein halbwegs passabler Schulabschluss und eine gesunde Portion Fleiß, und man konnte beruflich alles erreichen. Heute werden die Grenzen des Erfolgs bereits im Kindesalter gesetzt.

Wer nach der Grundschule nicht auf das Gymnasium wechselt, dem wird auch Fleiß später nicht viel helfen. Wer als Fremdsprachenkenntnisse »etwas Englisch« und keinerlei Auslandserfahrung in den Lebenslauf kritzelt, dem sind die Türen der Büros mit den Chefsesseln verschlossen.

Die Globalisierung hat neue Maßstäbe gesetzt, und denen muss man folgen. Meine knapp dreimonatige Tour durch China Ende 2007 zeigte mir höchst eindrucksvoll, wie diese neuen Wege aussehen. Was ich dort vorfand, traf mich wie ein Blitzschlag.

China: Kapitalismus pur!

China hat keine Marktwirtschaft, sondern absoluten Kapitalismus. Wer eine Idee hat, setzt sie um. Wer keine Idee hat, fängt trotzdem schon mal mit der Umsetzung an. Irgendetwas, womit man Geld verdienen kann, wird sich schon ergeben. Die Chinesen entwickeln dabei eine unglaubliche Energie. Auf meinen Fahrradtouren durch das Land bin ich an nicht zu zählenden Baustellen vorbeigekommen. Diese Frequenz schaffen nicht mal deutsche Autobahnen. An jeder Ecke wird gewerkelt. Eine Fabrik nach der anderen wird hochgezogen. Es gibt noch gar nichts zum Produzieren, aber man baut schon mal los. Nichts wäre schlimmer, als abzuwarten und dann am Ende zu spät dran zu sein. Die Chinesen kopieren den kompletten Westen und legen ihre eigenen Ideen noch obendrauf.

Die Chinesen analysieren die Zukunft bis ins Detail. Sie kennen unsere Lebensweisen und unsere Zukunftsprognosen.

Die Wirtschaft boomt und die Welt staunt. Es gibt Städte, da sprießen die 5-Sterne-Hotels nur so aus dem Boden. Nur das Beste vom Besten. Die Speisekarten der edelsten Restaurants preisen ihre Menüs nicht nur in Chinesisch und Englisch, sondern längst auch auf Russisch an. Russland ist das größte Land der Welt, das hat dort jeder im Hinterkopf. Die Chinesen analysieren die Zukunft bis ins letzte Detail. Sie wissen, wer Geld hat und wer keines. Sie kennen unsere Lebensweisen und unsere Zukunftsprognosen. Sie wissen, welche Autos wir zukünftig fahren, welche Kleidung wir tragen, welche Laptops wir kaufen wollen. Wer nicht global denkt, und zwar vorausschauend, der verpasst den Anschluss.

Was bringt uns ein Gerüst aus Lügen, wenn wir längst wissen, dass es zusammenbricht?

Chinas Wirtschaft wächst unaufhaltsam. Das Reich der Mitte ist laut Expertenmeinungen auf dem besten Wege, 2050 im volkswirtschaftlichen Vergleich den Spitzenplatz zu übernehmen. Der einzige ernstzunehmende Konkurrent ist Indien. China wird Deutschland schon in wenigen Jahren lächelnd hinter sich gelassen haben. Kein Wunder, denn wir sitzen nur da und staunen und verfolgen ungläubig, wie man an uns vorbeirennt. Nein, ein Exportweltmeister darf sich einfach nicht ausruhen.

Die politischen Entscheider unseres Landes wählen im Vergleich zwischen mittel- und langfristigen Konzepten immer ersteres. Zunächst gilt es, die Wiederwahl zu schaffen, alles andere ist in viel zu ferner Zukunft. Um nicht in der Wählergunst zu sinken, scheut sich somit jeder, die Wahrheit auf den Tisch zu bringen beziehungsweise deren Konsequenzen zu tragen. Traut sich doch jemand, wird er aus den eigenen Reihen verbal niedergemetzelt und von der gegnerischen Partei für wiederum deren Wahlzwecke missbraucht. Was bringt uns denn ein Gerüst aus Lügen, wenn wir bereits wissen, dass – und sogar *wann*! – es zusammenbricht? Wir brauchen endlich klare Worte und Taten. Oder kann niemand die Wahrheit aussprechen, weil jeder sie verdrängt?

Während China längst zum Überholmanöver ansetzt, las ich in einem Wirtschaftsmagazin noch vor wenigen Jahren einen Bericht darüber, welche guten Absatzchancen deutsche Unternehmen der Automobilbranche für ihre Produkte auf dem chinesischen Markt haben. Was für ein Hohn! Niemand dort ist auch nur auf ein einziges deutsches Auto angewiesen. In wenigen Jahrzehnten wird kein Pkw mehr in Deutschland gebaut werden.

Absatzmarkt China? Niemand dort ist auch nur auf ein einziges deutsches Auto angewiesen.

Der Mobilfunkmarkt zeigt uns den Trend doch längst. Jammern und meckern bringt allerdings nichts, das kostet nur Zeit und raubt die Energie, die dringend in Innovationen fließen muss. Deutschland hat das große Glück, noch immer über ein paar wichtige Patente zu verfügen und einen Grundstock an kompetenter Industrie. Doch dieses **scheinbare** Sicherheitsnetz bekommt immer größere Löcher.

Das Alter verklärt oder versteinert.
Marie von Ebner-Eschenbach

Das Land der Denker?

Das 2005 erschienene Taschenbuch »Deutsche Stars – 50 Innovationen, die jeder kennen sollte« der Initiative »Partner für Innovation« zeigt eindrucksvoll, wie innovativ die Deutschen waren und sind. Dass die Relativitätstheorie die Erfindung eines Deutschen ist, ist weltweit bekannt. Aber wussten Sie, dass auch der Computer, Scanner, Telefon, Zahnpasta, Kühlschränke, Jeans, Fernsehen und neben dem Auto auch Motorrad, Gleitflugzeuge und Hubschrauber auf unser Konto gehen?

Deutschlands großes Plus ist das Know-how. Oder *war* es das? Im Jahr 2001 lag die Bundesrepublik mit China im Bereich der Ausgaben für Forschung und Entwicklung gleichauf. Fünf Jahre später hatten die Chinesen ihr Budget im Vergleich zu Deutschland verdoppelt. Die Anzahl der Experten in den Forschungsstätten und das ihnen zur Verfügung stehende Budget expandiert ebenso wie die Wirtschaft des gesamten Landes. Alain Pompidou, der Präsident des Europäischen Patentamtes, prognostizierte im Frühjahr 2006 in einem Interview, »dass Firmen und Erfinder aus Asien in fünf bis acht Jahren mehr Patente anmelden werden als der Rest der Welt.«[1]

Zwar verzeichnen auch die europäischen Patentämter einen positiven Trend, aber tüftelt man bei uns in Deutschland noch in die richtige Richtung? Während das Gros der Patente in Europa vor allem in den Bereichen Medizin sowie Kommunikations- und Informationstechnik einzuordnen ist, liegt der deutsche Fokus noch immer auf der Fahrzeugtechnik. Klimaanlagen, Sitze und Scheinwerfersysteme werden immer weiter verfeinert. Die Antriebssysteme der Zukunft jedoch werden verpennt. Wer will in 20 Jahren noch einen Wagen, der 350 PS hat und mit Kraftstoff aus Öl betrieben wird?

---

[1] Harvard Businessmanager, 3/06

Das Fazit ist einfach: Deutschlands Bürger und Bürgerinnen, allen voran die politischen Entscheider, müssen dringend **Weitsicht** entwickeln. Klingt simpel, ist es aber nicht. So etwas scheint nicht in unserer Natur zu liegen. Wenn die Meldung herumginge, ab morgen gäbe es kein Brot

Wir müssen so viel besser sein, wie wir teurer sind.
Horst Köhler

mehr zu kaufen, würden die Leute auf die Straße rennen und gegen diese Misere demonstrieren. »Experten« würden die Lage wochenlang in allen Medien analysieren, Fallstudien machten die Runde. Und irgendwann, am Ende eines langen Weges, käme jemand (wahrscheinlich ein Chinese) auf die Idee, einfach neues Brot zu backen. Die Miniaturschrittchen, die bei uns zur wirtschaftlichen Entwicklung gemacht werden, reichen nicht aus, um Deutschland auch in Jahrzehnten noch eine Rolle im internationalen Wettbewerb spielen zu lassen.

Wir brauchen **wirkliche Reformen**. Veränderungen, die vielen nicht gefallen werden. Aber das ist das Gewöhnliche an Reformen: Sie gefallen niemals allen. Wir sollten also nicht versuchen, es allen Recht machen zu wollen. Jeder, der Teil dieser Gemeinschaft ist, *muss* mithelfen, sie nachhaltig zu stärken. Das heißt, die **Bildung des Nachwuchses** gehört in den Fokus. Die Heranwachsenden unseres Landes müssen perfekt ausgebildet werden, um in der globalisierten Welt erfolgreich agieren zu können. Für die eigene Tasche (und damit die eigene Altersvorsorge) *und* für Deutschland. Das Land, in das sie ihr Wissen einbringen – wenn die Rahmenbedingungen stimmen.

China ist mit seinem Drill-Konzept auf dem Weg an die Weltspitze, Deutschland auf dem Weg ins Abseits. Die Wahrheit liegt in der Mitte.

Dafür müssen wir uns allerdings ganz schnell vom deutschen »**Kuschelkurs**« verabschieden. Unsere Kinder müssen bereits in der Grundschule die erste, wenn nicht sogar eine zweite Fremdsprache lernen. Neben Englisch muss Chinesisch Pflicht werden. Je früher, desto besser, denn in jungen Jahren lernen sich Sprachen um ein Vielfaches leichter. Natürlich wirkt das auf den ersten Blick hart, aber nur, weil wir es nicht gewohnt sind. Ein chinesisches Kind wäre froh um die Freizeit und den Spaß, den deutsche Kinder haben. Ich plädiere keineswegs dafür, den Nachwuchs neben der Ganztagsschule sieben Tage die Woche in Förderunterricht, Sporttraining und Klavierkurse zu stecken, aber es muss ein Kompromiss gefunden werden. China ist mit seinem Drill-Konzept auf dem Weg an die Weltspitze, Deutschland auf dem Weg ins Abseits.

Die Wahrheit liegt in der Mitte. Um den Weg in die Mitte zu finanzieren, braucht es uns alle. Dabei gäbe es eine einfache Regel: Wer wenig hat, gibt wenig, wer viel hat, gibt viel. Doch was es auslöst, etwas Derartiges öffentlich auszusprechen, haben wir unlängst im Rahmen der Steuererhöhung für die höchsten Einkommensstufen erlebt. Eine »reine Neidsteuer, die unserer Klientel so gut wie nicht vermittelbar« sei, nannte man es in CSU-Kreisen.

Spätestens mit sechzig Jahren muss sich der Mann entscheiden, ob er seine Jugend oder sein Leben verlängern will. Volksmund

Dass auch ich konservativ wähle, ist kein Geheimnis, aber hier widerspreche ich. Wenn es einen anderen Weg gäbe, könnten wir uns gerne in Debatten ergehen, aber es gibt nun mal keine Lösung, die alle jauchzen lässt. Wenn dieses Land eine Zukunft haben soll, dürfen wir unserem Nachwuchs nicht weniger als *die* Spitzenförderung bieten, die ihn für den Weltmarkt fit macht. Und dafür muss jeder so viel investieren, wie er eben kann.

Den Politikern möchte ich drei Dinge in ihre Agenda schreiben:

➤ Erstens sollte ein **zentrales** Bildungsministerium eingeführt und die Länderhoheit in diesem Punkt abgeschafft werden. Das schafft nicht nur gleiche Berufsstartbedingungen für alle, sondern damit wäre niedrigeren Leistungsniveaus in einigen Bundesländern ein Riegel vorgeschoben.

➤ Zweitens sollte verfügt werden, dass alle Kinder ab der ersten Klasse Englisch lernen und ab der vierten Klasse eine zweite Fremdsprache dazu. Denn im globalen Wettbewerb kann Deutschland nur bestehen, wenn Bildung die Voraussetzung für Innovationen schafft.

➤ Drittens sollte rigoros gegen den »feudalistischen Kapitalismus« vorgegangen werden. Einige Großkapitalisten sind nämlich der Auffassung, sie bräuchten die Grundsätze der Demokratie nicht zu akzeptieren, weil sie durch ihr Kapital einen höheren Stellenwert als andere genießen. Ich will den Glauben nicht aufgeben, dass wir vor dem Gesetz alle gleich sind und nicht die Höhe des Bankkontos einen unangreifbaren Rechtsraum schafft.

Große Erbschaften für Einzelne sollten gewandelt werden in Bildung für alle.

Ich gehe sogar noch weiter: Wollen wir unseren Staat für die künftigen Generationen sichern, unter anderem durch eine optimale Bildung der Heranwachsenden, wird viel Geld dafür vonnöten sein. Ich schlage daher vor, die **Erbschaftsteuer** völlig neu zu strukturieren. Während seines Lebens soll der Mensch alle Freiheiten haben und gutes Geld verdienen. Wenn aber dieses Leben endet, muss es ja nicht sein, dass noch drei Generationen von dem Ererbten leben können.

Dabei geht es nicht um eine Million Euro oder das ersparte Häuschen. Mir geht es um jene, die Hunderte von Millionen oder Milliarden Euro vererben. Ein paar tausend jungen Menschen damit eine gute Bildung zu ermöglichen, trägt volkswirtschaftlich betrachtet sicher bessere Früchte, als dass sich eine Handvoll Familienmitglieder ein Leben in Saus und Braus gönnt.

Seien wir doch mal ehrlich: Niemand braucht zig Millionen auf der Bank. Ich verlange nicht, dass jeder seinen Sparstrumpf in einen großen Topf ausschütten und hinterher alles gerecht verteilt werden soll. Diese Gedanken hatten bereits andere, und sie haben nicht funktioniert. Wer viel leistet, hat viel verdient, darf also auch viel verdienen. Doch ich meine: Wer viel hat, sollte auch viel an die Gemeinschaft abgeben.

Schließlich wird auch niemand ohne ebendiese Gemeinschaft reich. Wenn ich ein lesenswertes Buch veröffentliche, verdiene ich mein Geld letztendlich nicht damit, so viel Papier beschrieben zu haben, sondern damit, dass viele Menschen das Buch zur Kasse getragen und bezahlt haben. Wir müssen weg von diesem Ego-Trip, hin zur Gemeinschaft, in der es Wettbewerb gibt und Arm und Reich, aber über all dem ein großes gemeinsames **Ziel**, in das die Menschen investieren. Arbeitskraft, Wissen, Geld. Anders wird es nicht funktionieren.

Ich wiederhole: Anders wird es *nicht* funktionieren. Ein Sozialstaat kostet nun mal viel Geld. Das muss erwirtschaftet werden. Dafür müssen die Steine weg, die wir unseren jungen Leuten vor die Füße werfen. Das betrifft nicht nur die Bildungschancen, sondern auch die Möglichkeiten, eigene Ideen berufliche Wirklichkeit werden zu lassen. Als ich 26 war, konnte ich mich problemlos selbstständig machen. Ich hatte eine gute Idee und bekam einen Kredit, so einfach war das. Wenn heute ein Mittzwanziger zur Bank geht und um Unterstützung bittet, muss er Belege für ein eigentlich längst florierendes Geschäft mitbringen. Die Bank gibt ihm nur Geld, wenn er eigentlich keines mehr braucht. Man raubt dem jungen Menschen die Chance, sich zu testen, dabei auch mal zu scheitern, aus den Fehlern zu lernen und es ein zweites Mal zu versuchen. Zu Erfolg gehört immer auch die Niederlage.

Diese Realität müssen Wirtschaft und Gesellschaft akzeptieren und die Kraft haben, sie mitzutragen. Banken sollten verpflichtet sein, einen gewissen Teil ihres Gewinns in Risikokapital für eben solche wagemutigen Jungunternehmer zu investieren. Der Staat greift doch sonst überall ein, warum nicht mal an dieser Stelle?

> **Es müssen die Steine weg, die wir unseren jungen Leuten vor die Füße werfen.**

> **Banken sollten verpflichtet sein, einen Teil ihres Gewinns in Risikokapital für wagemutige Jungunternehmer zu investieren.**

Nein, wir wollen die Verantwortung nicht abwälzen, wir Bürger und Bürgerinnen sind ebenfalls gefordert. Wer heute 60 Jahre alt ist und wohlhabend, hat eine spezielle Verantwortung. Gemäß der Statistik können noch fast drei Jahrzehnte bei guter Gesundheit vor ihm liegen. Knapp dreißig Jahre, in denen ihn die Folgegeneration tragen soll. Dazu hat sie allein nicht die Kraft. Wer finanziell in der Lage ist, der Gesellschaft unter die Arme zu greifen, sollte das auch tun. Hilfe zur Selbsthilfe. Man investiert damit in die Jugend der Gesellschaft, von der man als alter Mensch Hilfe erwartet.

Ich habe die Pflicht, die Gesellschaft, in der ich lebe, am Leben zu erhalten.

Wir tun unseren Erben einen großen Gefallen, wenn wir ihnen einen ordentlichen Batzen Geld hinterlassen. Angesichts der zu erwartenden gravierenden gesellschaftlichen Veränderungen ist der Gefallen aber noch größer, wenn wir ihnen einen *ausreichenden* Batzen hinterlassen, und den Rest in die Ausbildung der Jugend investieren. In die Versorgung ihrer Kinder und Kindeskinder. Ich habe die Pflicht, die Gesellschaft, in der ich lebe, am Leben zu erhalten. Ich habe als erfahrener Mensch die Pflicht, die Zeichen der Zeit zu erkennen und zu handeln. Ich habe den Überblick, ich habe das Wissen, ich muss reagieren.

Ich wage einen riskanten Wunsch: Wie wäre es, wenn jeder Mensch nur noch eine gewisse Summe vererben dürfte, der Rest wanderte in die Bildungstöpfe? Unter der zwingenden Voraussetzung, dass das Geld dort sinnvoll verwaltet wird und nicht in undurchsichtigen Verwaltungsebenen verschwindet! Ideen sind Ansätze, über die man sprechen sollte.

Eine Revolution beginnt immer im Kleinen. Die Funktionäre der Politik werden die Veränderungen nicht herbeiführen, das kann nur das Volk. In unseren Köpfen müssen die Gedankensteine ins Rollen kommen und von Bürger zu Bürger weitergereicht werden.

Deutschland braucht keine neuen Parteien, sondern öffentliche Foren. Treffpunkte für Menschen, die sich für gesellschaftliche wie politische Entwicklungen interessieren und ihre Meinung und Ideen kundtun wollen. Das Internet ist dafür eine ideale Plattform. Ich plane, meine Homepage

www.guten-morgen-hamburg.de

zu einem solchen Treffpunkt auszubauen. Ich würde mich freuen, wenn gesellschaftlich engagierte Menschen sich dort einfinden und ihre Ideen zusammenführen.

Deutschland soll wieder ein energisch innovatives Land werden. Dafür muss jeder, dessen Kopf nicht von Sorgen um die Wiederwahl blockiert ist, seinen Teil beitragen. In diesem Land steckt so viel Schöpferkraft, die muss nur wieder an die Oberfläche!

Fazit

Wer anderen hilft, hilft auch sich. Denn der helfende Mensch hat eine Aufgabe, durch die er Bestätigung und Identifikation erhält – vor allem dann, wenn er sich ohne berufliche Zwänge einer selbst gewählten Aufgabe zuwendet.

➤ Ältere Menschen haben eine Lebens- und eine berufliche Erfahrung, die Jüngeren helfen und sie entlasten kann.

➤ Ältere Menschen verfügen über eine hohe Kaufkraft. Finanzielle Unterstützung ist aber auch in der jungen Generation der eigenen Familie willkommen.

➤ Ältere Menschen können sich ohne berufliche Verpflichtungen ihre Zeit freier einteilen. Eine gute Voraussetzung für Hilfestellung in der Familie oder die Übernahme eines Ehrenamtes.

Ältere Menschen werden gebraucht. Sie müssen sich nur anbieten.

Zwischenruf

Helge Adolphsen
*Langjähriger Hauptpastor an St. Michaelis
(»Michel«) in Hamburg, Präsident des
Vereins »New Generation« mit rund
2100 Mitgliedern.*

Schreibe die Partitur deines Lebens selbst!

Im Alter von 60 Jahren vollzieht sich im Leben jedes Menschen ein wichtiger Einschnitt, der Ruhestand. Plötzlich ist alles anders, die gewohnte Routine bricht ab. Deshalb halte ich es für wichtig, diesem Wandel nicht erst am Tag der Pensionierung ins Auge zu sehen. Die Rente will geplant sein, unter anderem auch, damit die Umstellung für den Einzelnen im Alltag nicht so gravierend ist.

Dabei können auch viel frühere Erfahrungen und Erkenntnisse sehr nützlich sein. So lief ich im Alter von 43 Jahren mit meinen Söhnen, die damals um die 15 Jahre alt gewesen sind, durch den Wald. Allerdings wurde ich sehr bald abgehängt, meine Jungs waren einfach schneller als ich. Und da kam die Erkenntnis: Ich werde älter! Ähnlich ist es gewesen, als ich mich einmal selbst im Spiegel betrachtete und mir auffiel, wie viele graue Haare ich bekommen hatte.

Das Altern beginnt nicht mit dem Glockenschlag zum 65. Geburtstag, sondern viel früher.

Diese bildhaften Erlebnisse haben mich dazu angeregt, mich mit meinem eigenen, natürlichen Prozess des Alterns auseinander zu setzen. Wenn man vorbereitet der eigenen Pensionierung ins Auge sieht, kommt der Einschnitt mit 65 Jahren nicht mehr überraschend. Das Altern beginnt schließlich nicht mit dem Glockenschlag zum 65. Geburtstag, sondern viel früher. In dieser Hinsicht ist man sich selbst gegenüber in der Verantwortung, dafür ein Bewusstsein zu entwickeln und sich vorzubereiten. Mit 65 Jahren kommt nicht der Hammerschlag und man ist von Jetzt auf Gleich von allem ausgeschlossen. Man hat im Gegenteil noch sehr viel vom Leben zu erwarten, wenn man sich entsprechend darauf vorbereitet hat. Und genau aus diesem Grund habe ich den Verein »New Generation«[1] in Hamburg mitgegründet. Da man nicht akribisch festlegen kann, ab wann das Alter beginnt, sind wir für Menschen um die 50 und darüber hinaus offen.

Alter ist individuell. Für niemanden kann festgelegt werden, ab wann er das Älterwerden bemerkt und wie er damit umgehen soll. Das liegt an jedem selbst. Allerdings ist es meiner Ansicht nach immer sinnvoll, den neuen Lebensabschnitt nach Austritt

---

[1] www.new-generation-hh.de

aus der Berufswelt als Chance zu verstehen. Eine Chance, sich zu entfalten und das zu genießen, was das Leben einem zu bieten hat. Viele stellen sich dann die Frage: »War es das jetzt?«

Dazu fällt mir folgende Geschichte ein: Ein Mensch gelangt zum Himmelstor und wird von Gott begrüßt. Und er schaut Gott an und fragt: »War es das jetzt?« Gott antwortet: »Ja. Es war das, was du daraus gemacht hast!«

Wir haben doch die Wahl: Wir können uns zurücklehnen und auf das Ende warten, oder wir können unsere Kräfte mobilisieren und die Chancen nutzen, die sich uns bieten. Das gilt auch im Alter. Denn in jedem Menschen stecken Erfahrung und Potential, und wenn noch eigener Antrieb hinzukommt, wäre es doch Verschwendung, dies nicht zu nutzen. New Generation hilft dabei, diese Schätze zu heben, denn oftmals ist es in einer Gruppe von Gleichgesinnten leichter, neue Motivation zu entwickeln oder Freude an Unbekanntem zu entdecken.

Wir können auf das Ende warten oder die Chancen ergreifen, die sich uns bieten.

Der Ruhestand bietet die Möglichkeiten, etwas für sich zu tun, was man im Arbeitsalltag vielleicht nicht gewagt hat: Veränderung zulassen, genießen, Verantwortung übernehmen, Neues kosten. All das sind Dinge, die uns die neu gewonnene Freizeit bietet.

Und da man weiß, dass Körper, Geist und Seele zusammengehören, zählen Bewegung und Gymnastik zum Programm. So werden unsere Mitglieder motiviert, wieder einmal etwas für sich zu tun und wieder einmal ihren Körper zu spüren. Auch wenn es früher weder in der katholischen noch in der evangelischen Kirche der Fall gewesen ist, heute wird Körperlichkeit durchaus bejaht, weil sie das Wohlbefinden des Menschen steigert. Ganz nach dem Motto: In einem gesunden Körper ruht auch ein gesunder Geist. Dieser gesunde Geist steht ebenfalls im Interesse von New Generation. Wir bieten die Möglichkeit, sich mit Spiritualität, anderen Menschen und der eigenen Persönlichkeit auseinander zu setzen. Jeder kann bei uns in sich hineinhören und horchen, wer er ist, wo seine bisher vielleicht verschütteten Interessen liegen und was er sich für seine Zukunft wünscht. New Generation bietet Vorträge zu den verschiedensten Themen an, um seinen geistigen Horizont zu erweitern, geistig fit zu bleiben. Schließlich bedeutet Altern nicht, dass man jetzt langsam anfängt, alles zu vergessen, was man je gelernt hat. Auch mit 80 kann man wie ein Schwamm alles Wissen um sich herum aufsaugen. Durch ein Studium erfüllt sich mancher einen Traum, und ganz nebenher werden Kontakte geknüpft, entsteht ein Netzwerk. Die Angebote sind da, man muss sie nur nutzen.

Sei nicht Konsument, sondern Produzent deines Lebens!

Ältere Menschen wollen nicht zwangsbetütert werden. Es ist nicht Aufgabe der älteren Generation, überkommene Klischees von silberhaarigen Senioren beim Kaffeeklatsch zu bedienen, nur weil sie allgemein geläufig scheinen. Heute suchen die Älteren nach Möglichkeiten, aktiv zu werden und neuen Interessen nachzugehen. Jeder hat es selbst in der Hand, ob er an der Gesellschaft teilnehmen und damit auch einer Diskriminierung des Alters entgegentreten will. »Schreibe die Partitur deines Lebens selbst!« Selbst aktiv werden, nicht abwarten, bis etwas passiert. Nicht Konsument seines Lebens sein, sondern dieses aktiv gestalten, Produzent sein.

Deshalb ist die Bereitschaft der Älteren zu begrüßen, ihren Erfahrungsschatz an die jüngere Generation weiterzugeben. Dabei macht der Ton die Musik: Manche halten ihre Meinung zaghaft zurück, andere drängen sie ungefragt jedem auf. Beides ist nicht richtig. Ich empfehle, sich und sein Wissen anzubieten, Präsenz zu zeigen und bei Bedarf den Jüngeren unter die Arme zu greifen. Man wird schnell merken, ob das gewollt ist. Sollte daran kein Interesse bestehen, so ist es sicher sinnvoll, sich selbst zu kontrollieren. Die nachfolgenden Generationen müssen ihre eigenen Erfahrungen machen, das war bei uns nicht anders.

Die nachfolgenden Generationen müssen ihre eigenen Erfahrungen machen, das war bei uns nicht anders.

Zunehmend wird Erfahrung aktiv von der Wirtschaft gesucht. Einige Unternehmen treten an ältere Menschen mit Berufskenntnissen heran, weil sie von deren Wissen profitieren möchten. Wie so oft: Die Mischung macht's. Oftmals kann die Ruhe der Älteren den ungebremsten Tatendrang der Jüngeren in die richtigen Bahnen lenken, um gemeinsam den größtmöglichen Erfolg zu erzielen. Und dieses Engagement führt dazu, dass ein Mensch wieder das erfährt, was ihm nach dem Abschied von der Berufswelt gefehlt hat, nämlich das Gefühl, gebraucht zu werden und wichtig zu sein.

Zwar könnte man die »Zehn Gebote für Ältere« aufstellen, etwa: Misch dich nicht überall ein, sprich nicht ständig von deinen Krankheiten, lauf nicht dauernd zum Arzt. Aber sinnvoller ist es doch, Anstöße zu geben, wie man es besser machen kann, und da lautet mein persönlicher Rat: Immer in Bewegung bleiben! Mir hat es immer geholfen, positiv zu denken. So habe ich meinen Ausstieg aus dem Beruf nicht als Rausschmiss verstanden, sondern als Dank für eine Ernte. Außerdem habe ich mir rechtzeitig Dinge vorgenommen, die ich gerne tun wollte, um nicht plötzlich unvorbereitet in meiner Pension zu stehen. Ich habe angefangen, mich mit Neuem zu beschäftigen, und dabei ist mir aufgefallen: Jetzt bin ich absolut selbstbestimmt, das will ich, das will ich nicht. Ich habe eine neue Freiheit entdeckt. Entscheidend ist dabei für mich aber immer gewesen, dass der Tag einen festen Rhythmus hat. So würde es sicher meiner Beweglichkeit schaden, wenn ich jeden Tag bis nachmittags im Bett bliebe.

Der Ruhestand: kein Rausschmiss, sondern Dank für Ernte.

Neue Aufgaben tun gut. Darin ergänze ich mich ganz hervorragend mit meiner Frau, denn auch sie hat Neues für sich entdeckt, dem sie sich mit Leidenschaft widmet. Und so erweitere auch ich wiederum meinen Horizont, wenn wir dann am Abend über das sprechen, was wir am Tag erlebt haben. Auf diesem Weg ist dafür gesorgt, dass man sich nicht nur an der Vergangenheit orientiert, sondern gemeinsam in der Gegenwart lebt und eine gemeinsame Zukunft entwickelt.

Das Älterwerden bietet also viele Chancen. Der Ruhestand hat nämlich gegenüber dem Berufsleben den Vorteil, dass jeder sagen kann: »Das will ich machen! Das will ich nicht mehr machen!« Es bieten sich zahlreiche neue Freiheiten. Man kann sich die

Freiheit nehmen, von allem loszulassen, was belastet. Man kann den Übergang in die Rente als eine Gelegenheit nutzen, sein eigenes Leben zu entrümpeln und lästigen Ballast abzuwerfen. Ich selbst habe diese Chance ebenfalls genutzt und deutlich »Nein« zu dem gesagt, was ich nicht mehr wollte. Das kann ich nur jedem empfehlen, denn schließlich ist Zeit zu kostbar, um sie mit Dingen zu verschwenden, die man nur halbherzig und aus Pflichtgefühl tut. Das Selektieren ist ein gutes Recht. Das gilt auch für falsche Freunde und Zeitdiebe. Sie belasten den Alltag, rauben Nerven und wertvolle Stunden.

Es gibt aber auch Menschen, die diesem Lebensabschnitt mit großer Sorge entgegensehen. Sie verlieren die Anerkennung, die sie im Beruf genossen haben, und gleichzeitig das soziale Netzwerk, mit dem sie täglich verknüpft waren. Verluste ängstigen uns, denn es gilt, sich neu zu orientieren. Man versucht, neue Beschäftigungen zu finden, man versucht, neue Kontakte aufzubauen. Das muss vorbereitet sein, man muss sich trauen und in Bewegung bleiben. Frauen fällt das oft leichter, so meine Beobachtung. Frauen suchen aktiver Kontakt, Männer neigen manchmal dazu, sich in ihren Werkraum oder ihren Garten zurückzuziehen, anstatt sozial beweglich zu bleiben.

Ob Menschen sich mehr der Religion zuwenden, je älter sie werden, kann ich nicht generell beantworten. Wer nicht mehr in die Berufstretmühle eingebunden ist, hat wahrscheinlich mehr Zeit, sich spirituellen Fragen zuzuwenden. Ich habe die Erfahrung gemacht, dass Religion zur Sinndeutung des Lebens

Zeit im Alter ist zu kostbar, um sie mit Dingen zu verschwenden, die man nur halbherzig und aus Pflichtgefühl tut.

herangezogen wird, um die drei W-Fragen zu beantworten: Wer bin ich, was mache ich hier, wohin
gehe ich? So stellt Glauben möglicherweise einen
neuen Bezugspunkt dar, den bisher der Alltag in der
Arbeitswelt übernommen hat. Eine Konstante, auf
die man sich verlassen kann.

**Der Glaube kann hilf-
reich sein, wenn man
die Bilanz seines
Lebens zieht.**

Der Glaube kann auch hilfreich sein, wenn man die
Bilanz seines Lebens zieht. Was habe ich richtig gemacht? Was ist falsch gelaufen? Wem schulde ich
noch etwas? Wen habe ich aus den Augen verloren?
Diese Fragen bieten Ansätze für eine Neuorientie-
rung im Leben, zur Vorbereitung auf die nächsten
Jahre in einem neuen Abschnitt. Möglicherweise
werden dabei auch schmerzhafte Erfahrungen gemacht, wenn man bemerkt, dass man jahrelang einer
falschen Überzeugung gefolgt ist. Doch auch das ist
eine Chance. Eine Chance, sich für die Zukunft zu
ändern und in gewisser Weise noch einmal neu anzufangen.

Wenn man sich auf die Zeit nach dem Berufsleben
vorbereiten will, hilft vielleicht folgender Grundsatz:
Tu dir selbst etwas Gutes! Jetzt ist die Zeit dafür,
und schließlich hast du es dir verdient.

Ein Mann mit weißen Haaren ist wie
ein Haus, auf dem Schnee liegt. Das
beweist aber noch nicht, dass im Herd
kein Feuer brennt.

Maurice Chevalier

Kapitel 4

Gesundes Leben, gesundes Sterben

Die Römer hatten Recht

»Das Alter selbst ist keine Krankheit, sondern ein Mangel an Vollkommenheit. Was alle Menschen Alter nennen«, so Galen, der berühmteste Arzt römischer Zeit (2. Jh. n. Chr.), »ist die kalte und trockene Säftemischung im Körper, die als Folge der langen Reihe von Jahren entsteht.«

Na, das lässt sich doch beheben, oder? Galen weiter: »Wärme und Feuchtigkeit müssen also zugeführt werden, und zwar durch Nahrung, Massagen und Gymnastik.« Diese Behandlungsmethode war seinerzeit medizinisch sehr umstritten, da man bislang davon ausging, dass die Wurzel des Alterns ein »Zuviel an Phlegma (hier: Magenschleim) sei«, das es trockenzulegen galt. Die von diversen Altersbeschwerden geplagten Menschen nahmen die neuen Erkenntnisse Galens allerdings begeistert auf, denn er riet beispielsweise, »viel feurigen Wein zu trinken«, denn der sei »wärmend und harntreibend«.

Wellness im alten Rom

Ein von Galen empfohlener Tagesablauf unterscheidet sich kaum von einem Aufenthalt in einem modernen Wellnesshotel: »Nach dem Aufstehen eine erste Massage, gegen neun Uhr Frühstück mit Brot und attischem Honig, danach leichte oder anregende Gespräche mit Freunden oder alternativ: in Ruhe Lektüre. Anschließend Besuch eines öffentlichen Bades mit Massagemöglichkeit und Sportbetrieb, zum Beispiel Ballplätzen. Danach Waschen und eine Mahlzeit, deren Speisen den Magen nicht belasten und abführend wirken, anschließend Fisch, möglichst Salzwasser.«[1]

Diverse Studien der modernen Forschung belegen, dass man bei einer durchschnittlichen Entwicklung bis ins hohe Alter bei den normalen alltäglichen Anforderungen kaum eine Beeinträchtigung durch Alterungsprozesse zu fürchten hat. Schwer vorstellbar für junge Menschen, die von ihren Großmüttern und -vätern kaum etwas anderes zu hören bekommen als die Auflistung der aktuellen Zipperlein. Am »Jammersyndrom« kranken viele Alte um einiges stärker als an tatsächlichen physischen Leiden.

Am »Jammersyndrom« kranken viele Alte mehr als an körperlichen Leiden.

Der Trend geht aber in die andere Richtung. Die ältere Generation will nicht ihre Wehwehchen pflegen, sie will aktiv mitgestalten, dabei sein, sich nützlich machen. Und diese Bewegung nimmt gewaltig Fahrt auf. Eine Forsa-Umfrage aus dem Jahr 1998 ergab, dass sich nur ein Prozent der Senioren im Alter zwischen 60 und 80 Jahren eine Berufsausübung wünschte. Anfang 2008, also nur 10 Jahre später, möchten nahezu 25 Prozent der befragten Altersgruppe einer bezahlten Tätigkeit nachgehen.

25 Prozent aller Senioren wünschen sich eine berufliche Tätigkeit.

Die Älteren halten offenbar nicht mehr allzu viel davon, in den Ruhestand abgeschoben zu werden. Akuter Geldmangel steht nicht hinter dem Wunsch nach Arbeit, sondern der Wille nach Anerkennung,

---

[1] Galen, De sanitate tuenda 2,4, Prof. Dr. Ernst Baltrusch in »fundiert«, dem Wissenschaftsmagazin der Freien Universität Berlin

Aktivität und sozialen Kontakten. Der Sozialhistoriker Jürgen Kocka dazu: »Da liegt Potenzial brach, die Gesellschaft sollte es nutzen.« Und belastbar ist dieses Potential offenbar auch noch: 75 Prozent der befragten Senioren bezeichnen sich als körperlich fit, unter den über 70-Jährigen immer noch die Mehrheit.

Der Wunsch nach Arbeit ist bei Männern und Frauen übrigens gleich stark ausgeprägt. Und so stellt man heute bereits fest, dass immer mehr Menschen über ihr offizielles Rentenalter hinaus berufstätig sind. Nach einer Auswertung des Bundesarbeitsministeriums stieg beispielsweise die Zahl der Mini-Jobber im Rentenalter in den vergangenen sechs Jahren um rund 40 Prozent, das entspricht 200.000 Arbeitstellen mehr als noch 2002.

Eine bezahlte Tätigkeit bringt Geld, natürlich. Aber sie gibt vor allem Bestätigung und sicher auch Ablenkung, verhindert Einsamkeit, schützt somit vor Depression, und sie gibt dem Alltag Inhalt. Deswegen ist es so wichtig, dass man als älterer Mensch über eine sinnvolle Tätigkeit nachdenkt.

Der graduelle Verfall des bewohnten Körpers strapaziert im normalen Verlauf der Dinge kaum den Geist.
Sir Peter Ustinov

Nach dem Ausscheiden aus dem Berufsleben versuchen Menschen, sich an die veränderten Lebensumstände anzupassen. Zu viel Zeit und **fehlende Aufgaben** können dazu führen, dass der Fokus sich auf eigene Probleme verlagert. Der Mensch konzentriert sich nunmehr auf seinen Gesundheitszustand und mögliche Krankheiten. Wer stundenlang auf seine Hände starrt, glaubt am Ende des Tages tatsächlich, dass sie heute stärker zittern als gestern. Nicht immer real existierende Symptome werden ernster genommen. Beschwerden, die man früher überging, weil einfach keine Zeit war, ihnen Aufmerksamkeit zu schenken, führen jetzt zu wiederkehrenden Arztbesuchen. Da mit zunehmendem Alter bei vielen Menschen mit einer tatsächlich zunehmenden Zahl an Erkrankungen gerechnet werden kann, entsteht so häufig ein Gemenge von tatsächlichen Symptomen und subjektiv erlebten Beschwerden, das nicht einfach zu entwirren ist.[1]

Kurioserweise nimmt trotz intensiver Werbung von Seiten der verschiedensten Krankenkassen wiederum nur ein Bruchteil der Älteren an den kostenlosen Vorsorgeuntersuchungen, speziell der Krebsvorsorge, teil. Warum? Gerade da kann ein Gang zum Arzt Leben retten! Das allerdings ist der springende Punkt: Wenn es nötig wäre, Leben zu *retten*, bedeutet das auch, mit dem Tod konfrontiert zu werden. Ein Thema, das in unserer Gesellschaft nach wie vor das Tabu Nummer 1 ist.

Du kannst einen Elefanten festhalten, wenn er fliehen will, aber nicht das kleinste Haar auf deinem Kopf, wenn es fallen will.
Gerhard Hauptmann

Obwohl der Tod auf natürliche wie künstliche, mediale Weise omnipräsent ist. Jedoch in einer derart abschreckenden Form, dass unsere Furcht verständlich wird. Die große Menge der Informationen über den Tod in Zeitungen, Computerspielen, Fernsehen und Kino haben bewirkt, dass wir den Tod abschirmen. Die Kinder unserer Generation sehen den Tod

---

[1] MedizInfo.de

auf Fernsehschirmen unverhüllt als Massensterben und Mord und können bereits mit zehn ebenso viele Methoden aufzählen, wie man besonders grausam zu Tode kommen kann, wie sie Jahre alt sind.

Der Tod findet im wirklichen Leben nicht mehr statt.

Der Tod allerdings, der in unseren Alltag gehört wie beispielsweise die sterbende Urgroßmutter, der ihnen lehrreich und eine Lebenshilfe sein könnte, wird von ihnen abgeschirmt. Uroma verschwindet im Krankenwagen und wird nie mehr gesehen. Tote Haustiere werden beim Tierarzt gelassen oder – noch schlimmer – ersetzt, bevor das Kind das Ableben überhaupt bemerkt hat. Gleichzeitig wächst die Jugend immer stärker ohne den Halt im Glauben auf. Religion ist etwas, das die meisten Kinder erst in der Schule kennen lernen. Wer bei Freunden zu Hause zum Tischgebet ansetzen würde, hätte sämtliche Johler auf seiner Seite.

Doch liegt im Glauben auch die Hoffnung darauf, dass der Tod kein Ende, sondern ein Anfang ist. Von etwas, das wir nicht kennen, aber das wir **nicht fürchten** müssen. In unserer Gesellschaft wird der Tod immer mehr zu einem radikalen Ende. Man wird zu Staub, löst sich auf in Moleküle und Atome, es gibt weder ein Jenseits noch irgendein anderes Danach.

Wir müssen Altern lernen und lernend altern.
Ursula Lehr

Kein Wunder, dass Altern und das langsame Zuwandern auf das Ende damit nichts anderes bedeuten als Unglück und Katastrophe. Vor dem die Menschen verzweifelt versuchen, zu fliehen, indem sie mittels plastischer Chirurgie alles daran setzen, ihre

Vergänglichkeit zu verbergen. Ohnmächtig, sich dem »Feind Alter« zu stellen, ertränken sie ihren Frust in Alkohol. Oder sie verfallen dem allumfassenden Anti-Aging-Wahn, wenn sie auf peinliche Weise »auf jung machen«, ohne es in ihrem Inneren noch zu sein.

Bio statt Botox

Was für ein Bild vermitteln wir damit unseren Nachkommen? Ist es nicht unsere eigene Schuld, wenn das Altersbild derart dramatisch ist? Wenn ich meinen Enkelkindern immer wieder erzähle, wie schwer Opa morgens aus dem Bett kommt, wie teuer all die Medikamente sind und dass der Tod eines Tages hoffentlich schnell eintritt, kann ich ihnen nicht verübeln, wenn sie der eigenen Zukunft mit größter Furcht entgegensehen. Das ist ungefähr so beliebt, als wenn die Mutter ihrer schwangeren Freundin haarklein von den zu erwartenden Wehen berichtet.

Der Lack ist ab? Nun lasst uns glänzen!
Ruth W. Lingenfelser

Die Natur mag in diesem Punkt gegen uns sein, aber wir können trotzdem in Freundschaft mit ihr leben. Dann drückt sie sogar ab und an ein Auge zu und lässt sich überlisten. Allerdings müssen wir ein wenig nachhelfen.

Die Eigenverantwortung jedes Einzelnen ist gestiegen. Nicht nur dafür, das Wissen um die aufkeimende Liebe zum Mittagsnickerchen und das neuerliche Völlegefühl nach Milchspeisen nicht jedem aufzudrängen, sondern auch dafür, gesund zu altern. Die Medizin hat erreicht, dass wir später sterben. Darum, dass wir auch *gesünder* sterben, müssen wir uns selber kümmern.

Die Medizin hat erreicht, dass wir später sterben. Darum, dass wir auch *gesünder* sterben, müssen wir uns selber kümmern.

Jeder Körper baut ab einem gewissen Zeitpunkt ab, allerdings nicht in dem Ausmaß, das junge Menschen uns Älteren gerne andichten. Zudem fängt der Abbau nicht mit 60 an, sondern lange zuvor, etwa um den 27. Geburtstag herum. Verfluchen oder ignorieren bringt also nichts, denn diese körperliche Entwicklung ist so natürlich wie Atmen. Und ebenso wie ich es trainieren kann, nicht mehr flach, sondern tief in den Bauch hinein und damit viel effektiver zu atmen, kann ich auch den Rest meines Körpers optimieren. Gesunde Ernährung, viel Bewegung, vor allem an der frischen Luft, eine erfüllte Sexualität und eine positive Lebenseinstellung sind die Säulen, die Sie stützen. Bröckelt eine Säule, geraten auch die anderen ins Wanken.

Natürlich gibt es Dinge, die nicht vorhersehbar oder planbar sind. Aber ich kann mich, so gut es geht, auf Eventualitäten vorbereiten. Wenn ich in zehn Jahren einen Schlaganfall erleide, kann ich entweder hoffen, dass sich jemand meiner annimmt, oder ich kann schon heute entsprechende Vorbereitungen treffen. Meine Patientenverfügung liegt schon lange bei meinem Notar. Ich möchte bis zur letzten Minute meines Lebens eigene Entscheidungen treffen, und sollte das aus irgendeinem Grund nicht möglich sein, weiß ich meinen Willen somit schriftlich hinterlegt.

Die zwei größten Tyrannen der Erde: der Zufall und die Zeit.
Johann Gottfried von Herder

Prävention ist in jedem Bereich elementar. Allerdings scheint hierzulande der Finanzsektor die Exklusivrechte auf den Begriff »Vorsorge« zu haben. Geld wird in Fonds gesteckt, man »riestert«, schon die Kleinkinder haben eigene Rentenversicherungen. Doch damit scheint die Vorsorge-Energie aufgebraucht.

Im Bereich Gesundheit und Fitness wartet die Mehrzahl noch immer ab und hofft, der Gebrechenskelch möge vorüberziehen. Da wird über Jahrzehnte eine Schachtel Zigaretten pro Tag verqualmt und allabendlich die Flasche Rotwein geleert, und wenn die Organe dann Notstand vermelden,

An apple a day keeps the doctor away.
Englisches Sprichwort

wirft man erschrocken Tabletten obendrauf. Viele meiner Freunde schlucken zum Frühstück schon so viele Pillen wie kleine Kinder Smarties, wenn man ihnen die Packung überließe. Gegen die Nebenwirkungen der Tabletten gibt es dann wieder neue Mittelchen. Ein teuflischer Kreislauf. Krankheiten zu behandeln ist wichtig, aber ich meine, die schönere Methode ist es, ihre Entstehung zu verhindern.

Natürlich heißt älter werden, mit seinen Kräften hauszuhalten. Die Energie wird weniger, die Muskelkraft ebenso, auch wenn ich Sport treibe und mich gesund ernähre. In welchem Maße dies geschieht, kann ich allerdings steuern. Wenn ich einen Oldtimer habe, muss ich mich um den auch engagierter kümmern als um einen Neuwagen. Ihre Vorzüge haben beide. Für meine Sonntagsspazierfahrt hole ich mir den Oldtimer aus der Garage, will ich

101

zügig von A nach B kommen, favorisiere ich die schnelle Limousine.

Vollbeladen kommen allerdings beide schwerer von der Stelle. Das gilt nicht nur für Autos. **Übergewicht** ist der Hauptgrund für alle die Krankheiten, die wir dem Alter zuschreiben: Herz-Kreislauf-Beschwerden, Diabetes und Gelenkprobleme. Die berühmte Framingham-Studie, die bedeutendste epidemiologische Untersuchungsreihe der USA, belegte, dass die beobachteten nichtrauchenden, übergewichtigen Männer durchschnittlich etwa 6 Jahre früher starben als die normalgewichtigen Vergleichspersonen. Bei Rauchern mit Übergewicht fiel das Urteil noch dramatischer aus: Sie wurden von den normalgewichtigen Nichtrauchern sogar um 13 Jahre überlebt.[1]

Alter hat auch gesundheitliche Vorteile. Zum Beispiel verschüttet man ziemlich viel von dem Alkohol, den man trinken möchte.
André Gide

Fit bleiben – aber wie?

Was hilft? Die Klassiker, die auch alle Normalgewichtigen, die gesund altern wollen, befolgen müssen:

➢ **Gesunde Ernährung**: Halten Sie sich zurück bei Fett, Salz, Weißmehl, Zucker, tierischen Eiweißen und greifen Sie dafür ordentlich zu bei frischem, unbehandeltem Obst und Gemüse der Saison, Vollkornprodukten und Kräutern. Sie haben die Zeit, Mahlzeiten frisch zuzubereiten und auf jeg-

---

[1] Framingham Heart Study, National Heart, Lung and Blood Institute and Boston University, Massachusetts, USA

liche Konservennahrung zu verzichten, nutzen Sie diesen Luxus! Lassen Sie sich eine wöchentliche Portion Biokost ins Haus liefern. Entdecken Sie neue Rezepte oder lernen neue Leute in einem Kochkurs kennen. Trinken Sie ausreichend Wasser, Schorlen, Tees.

> **Ausreichend Bewegung**: Treiben Sie Sport. Sie brauchen sich nicht im Sitzen mit anderen Rentnern Softbälle zuzuwerfen. Es gibt keinen Grund, in altbackenen Seniorenfitnesskursen zu versinken, nur weil sie scheinbar »angemessen« sind. Initiieren Sie mit Freunden einen wöchentlichen Lauftreff. Melden Sie sich im Fitnessstudio an und trainieren direkt unter fachlicher Anleitung. Kaufen Sie sich Inliner und skaten im Park. Nein, das ist nicht »gewollt jugendlich«, sondern macht einfach Spaß.

Zwei Stunden Sport pro Woche sind das Minimum, besser ist es, jeden Tag in Bewegung zu sein. Es ist erwiesen, dass der menschliche Körper bis zum Alter von über 80 Jahren trainierbar bleibt. Wenn Sie also gerade 60 geworden sind und Sport bislang gemieden haben, bleiben Ihnen noch lockere zwanzig Jahre Zeit, den altersbedingten Leistungsverlusten von Herz, Stoffwechsel und Muskulatur entgegenzuwirken. Lassen Sie jedoch unbedingt vorher einen ärztlichen Check-up durchführen, um Herz-Kreislaufprobleme auszuschließen.

Das Alter lässt sich leichter ertragen, wenn man den Faltenwurf im Gesicht als künstlerische Drapierung betrachtet.
Vivian Leigh

Es gilt mittlerweile als gesicherte Erkenntnis, dass Krafttraining allein für die gesundheitliche Vorsorge nicht ausreicht. Dazu ist auch ein Herz-Kreislauf-Training notwendig. Nach einer vorherigen medizinischen Untersuchung bieten sich insbesondere solche Sportarten an, die die Gelenke schonen: zügige Spaziergänge, Jogging, Radfahren, Schwimmen und Gymnastik. Das Training sollte nur langsam gesteigert werden, eine Überlastung kann zu Herzrasen, Atemnot und Unwohlsein führen.

Ausdauertraining ist der geeignete Weg.

Über die Pulsfrequenz kann man das optimale Training einstellen. Der Puls sollte 220 Schläge pro Minute minus Lebensalter nicht überschreiten. Die sportliche Aktivität sollte aber wenigstens 20 bis 30 Minuten dauern und vier Mal wöchentlich durchgeführt werden. Am wichtigsten dabei ist der Abbau von Stress: Menschen, die regelmäßig sportlich aktiv sind, werden gelassener. Und sie bremsen den Alterungsprozess.

Fakt ist: Wer mit 62 anfängt, Sport zu treiben, ist mit 63 fitter als im Jahr zuvor und hat seine Lebensqualität erheblich gesteigert.

➢ **Frische Luft**: Verlegen Sie Ihre Aktivitäten nach draußen. Statt mit Freunden im Wohnzimmer zu sitzen, plaudert es sich bei einem Spaziergang um den See viel besser. Bringen Sie frischen Sauerstoff in die Zellen und tanken Sie Sonne.

➢ **Finger weg von Alkohol, Nikotin und anderen Drogen**: Purer Stress für die Zellen. Zellen, die sich gegen Gifte wehren müssen, haben keine Zeit, sich um Anti-Aging zu kümmern. Die Folgen: Der Körper erkrankt, altert rascher oder beides zusammen.

> **Tauschen Sie Stress gegen positive Gedanken**: Stress schwächt das Immunsystem und die Psyche. In Stresssituationen schütten wir Adrenalin aus, der unseren Körper zur Höchstleistung aufpeitscht. Alle Systeme werden hochgefahren. Früher, im Kampf mit dem Mammut, hatte

man gute Chancen, das Adrenalin auch wieder abzubauen, aber die Stresssituationen der modernen Zeit lassen den Körper mit dem überdosierten Hormoncocktail allein zurück. Passiert das regelmäßig, hat es Folgen. Stress fördert Bluthochdruck, belastet das Herz, bringt den Stoffwechsel aus dem Gleichgewicht.

Positive Gedanken und eine optimistische Lebenseinstellung bewirken das zu bevorzugende Gegenteil. Die innere Einstellung eines Menschen scheint seine Gesundheit auf besondere Weise zu beeinflussen. Wie eine US-Studie vom September 2004 ergab, bleiben **optimistische** Senioren mit einer positiven Einstellung zum Leben und zum Alter länger fit als solche, die sich häufig Sorgen machen. Forscher der Universität Galveston beobachteten 1500 Senioren über sieben Jahre lang. Dabei ermittelten sie unter anderem, wie sehr innerhalb dieses Zeitraumes die Fortbewegung und die geistige Leistungsfähigkeit nachließen. Außerdem wurden die Probanden zu ihrer Lebenseinstellung befragt. Im Ergebnis lässt sich festhalten, dass lebensfrohe und optimistische

Personen insgesamt bessere Leistungswerte aufweisen als die übrigen Testpersonen. Interessant ist dabei, dass das Gebrechlichkeitsrisiko abnimmt, je lebensbejahender ein Mensch ist. Damit stützt die Untersuchung auch die Ergebnisse anderer Studien, nach denen sich positive Empfindungen durch Stoffwechselprozesse im Körper messbar auf den Gesundheitszustand eines Menschen auswirken.

Wer lacht, lebt länger. Das scheint besonders für den Humor zu gelten, auch er beeinflusst das Wohlbefinden im Alter. Humor, das konnte nachgewiesen werden, hilft bei der Vermeidung von Herzerkrankungen und Schlaganfällen. Denn herzkranke Patienten waren vom Charakter her meistens deutlich humorloser als gesunde. So unglaublich es klingt: Menschen, denen man lustige Filme zeigt, bauen eine nachweisbar bessere Immunabwehr auf, zeigt man den gleichen Zuschauern Filme mit traurigem Inhalt, nehmen die Abwehrkräfte ab.

Welch Glück also, dass sich Gedanken beeinflussen lassen und damit zum Wohlfühlen beitragen können. Zahlreiche Kurse und Ratgeber zu diesem Thema helfen dabei. Auch Entspannungstechniken wie Meditation oder autogenes Training sind eine sehr gute Unterstützung auf dem Weg zu einer positiveren Sicht der Dinge. Regelmäßig ausgeführt entspannen sie nicht nur den Geist, sondern den gesamten Organismus.

➤ **Bleiben Sie geistig rege**: Der Geist braucht allerdings nicht nur *Ent*spannung, sondern auch *An*spannung! Das Gehirn ist wie ein Muskel, der ebenso erschlaffen kann wie ein Oberschenkel. Lassen Sie es zur Gewohnheit werden, sich nach dem Frühstück mit Kaffee oder Tee ins Wohnzimmer zu setzen und die Tageszeitung beziehungsweise ein Nachrichtenmagazin durchzulesen. Lassen Sie den Fernseher abends so oft wie möglich ausgeschaltet und nehmen sich stattdessen ein gutes **Buch**. Setzen Sie sich Ziele: Lesen Sie beispielsweise jeden Monat zwei Titel aus der Liste der aktuellen Buchempfehlungen.

Füttern Sie Ihr Gehirn mit **Unbekanntem**. Erlernen Sie ein Musikinstrument, eine Fremdsprache. Besuchen Sie einen Kurs der Volkshochschule, den nicht Sie, sondern Ihre Kinder oder ein Freund für Sie aussuchen. Bleiben Sie offen für die Welt. Ich selbst bin ein großer Verfechter des lebenslangen Lernens. Lernen ist Verhaltensänderung aufgrund von Erfahrungen. Sollte es dafür wirklich eine Altersgrenze geben?

Ein älteres Gehirn arbeitet langsamer, aber effektiver.

Mit den Jahren arbeitet das Gehirn zwar langsamer, aber es macht dafür weniger Fehler. Das haben die Neurophysiologen Michael Falkenstein und Sascha Sommer vom Institut für Arbeitsphysiologie an der Universität Dortmund nachgewiesen. Demnach funktionieren ältere Gehirne nach dem Prinzip »lieber etwas langsamer, dafür aber richtig«. Die Teilnehmer eines Experimentes wurden von einer zuvor gestellten Aufgabe abgelenkt. Älteren Menschen unterliefen bei der Lösung der Aufgabe nur halb so viele Fehler wie den jungen. Die jungen Leute reagierten zu schnell und zu impulsiv auf Ablenkungsreize und taten daher oft das Falsche.

Lebensverlängernde Faktoren

Das Alter nimmt zu, ebenso seine Dauer. Als der große Philosoph Immanuel Kant 50 Jahre alt wurde, redete ihn der Festredner als »ehrwürdiger Greis« an. Vor 150 Jahren betrug die durchschnittliche Lebenserwartung eines Menschen nämlich nur rund 40 Jahre, heute etwa das Doppelte. Das gilt nicht nur für die Neugeborenen, auch die Lebenserwartung der Senioren nimmt stetig zu. Erfreulicherweise ist in gleichem Zuge auch die Lebensqualität gestiegen. Die 70-Jährigen von heute sind körperlich und geistig so leistungsfähig, wie es die 65-Jährigen vor 30 Jahren waren, und sie sind gesünder.

Die Menschen werden ständig älter.

Wie alt kann ein Mensch denn überhaupt werden? Bevölkerungswissenschaftler der Universität Rostock vertreten die Auffassung, dass die Lebenserwartung in nicht allzu ferner Zukunft bei 100 Jahren liegen wird. Bereits im 22. Jahrhundert wird ein 100. Geburtstag weitaus häufiger auftreten als heute. Um zwei bis drei Jahre pro Jahrzehnt wird die Lebenserwartung der Menschen in den Industrienationen steigen, ergibt eine Prognose. Und das Statistische Bundesamt kann diese Annahmen bestätigen. Bereits bei Kleinkindern ist der Trend zu einem längeren Leben abzulesen. Allein im Jahr 2007 ist die Lebenserwartung für Jungen um etwa fünf Monate gestiegen, jene für Mädchen um gut drei Monate.

Derzeit liegt die durchschnittliche Lebenserwartung von Jungen bei 76,6 Jahren, Mädchen werden im Mittel 82,1 Jahre alt. Die Ernährung der Mutter in der Schwangerschaft hat deutlichen Einfluss auf die

Lebenserwartung, die Grundlagen für Alterskrankheiten wie Diabetes und Bluthochdruck werden hier gelegt. Später kommen Einflüsse wie die soziale Situation, Bildung und Lebensstil verstärkt hinzu. Die Gene eines Menschen tragen zu einem Viertel zu einem langen Leben bei. Eine Wissenschaftlerin der Uni Rostock dazu: »Es bringt also immer noch etwas, wenn Sie mit 70 Jahren das Rauchen aufgeben.«

Aber wie immer, wenn ein Schwerenöter von einer gesünderen Lebensweise überzeugt werden soll, zaubert er einen Menschen aus dem Hut, der gegen alle Vernunft und entgegen der Statistik **steinalt** geworden ist. Die Französin Jeanne Calment ist so ein Paradebeispiel. Geboren wurde sie im Jahr 1875, gestorben ist sie 1997, sie wurde also 122 Jahre alt und gilt damit als der bislang älteste Mensch. Und was tat sie zwischen Geburt und Tod? Sie aß viel Schokolade, trank täglich Portwein, und bis ins hohe Alter von 119 Jahren war ihr das Rauchen nicht auszureden.

Mit Schokolade und Wein 122 Jahre alt.

Die Untersuchungen zur Erforschung der Parameter für ein langes Leben sind keineswegs einheitlich. Einerseits geht eine Studie der Universität Kalifornien aus dem Jahr 1999 davon aus, dass bereits kurze **Hungerkuren** die Lebenserwartung erhöhen. Eine Studie des »American Journal of Epidemiology« aus dem Jahr 2006 ergibt andererseits, dass ein leichtes **Übergewicht** im Alter lebensverlängernd wirken kann.

Die Anzahl der Faktoren, die mit dem Altern in Verbindung gebracht werden, ist groß. Immer wieder sind Gene, sportliche Tätigkeiten, die Ernährung, der Alkohol- und Tabakkonsum und die Lebensfreude im Gespräch, wenn Forscher die Gründe für ein langes Leben finden wollen. Dabei wird den Genen nur eine bescheidene Bedeutung eingeräumt. Nach heutigem Kenntnisstand bestimmen zum ganz überwiegenden Teil, nämlich zu 75 Prozent, die Einflussgrößen Verhalten, Umwelt, Bewegung, Ernährung und medizinische Versorgung das Alter.

Ohne die Küche meiner Frau wäre ich nicht so alt geworden.
Winston Churchill

15 mal länger leben: Ein Pilz müsste man sein.

Die **Ernährung** ist sicher eines der Schlüsselgeheimnisse eines langen Lebens. Dies bestätigt ein Versuch mit einem Pilz, der eine Erbsubstanz ähnlich dem Menschen aufzeigt. Forscher veränderten die Gene des Pilzes, so dass sich Stoffwechselvorgänge änderten und weniger freie Radikale gebildet wurden. Der Pilz, der normalerweise ein Alter von 25 Tagen zu erwarten hatte, wurde nun 370 Tage alt.

Ein Patentrezept, wie man gesund und geistig fit ein hohes Alter erreicht, gibt es leider nicht, dazu sind die Untersuchungsergebnisse zu diesem Thema zu uneinheitlich. Immer wieder stellt sich heraus, dass sehr alte Menschen ganz verschiedene Lebensarten und Essgewohnheiten haben. Ganz sicher aber ist, dass eine naturnahe Ernährung sowie körperliche und geistige Beweglichkeit ein hohes Alter in guter Gesundheit fördern.

Fazit

Leben Sie gesund, leben Sie lange!

Sie rauchen oder trinken zu oft Alkohol? Schluss damit! Machen Sie Sport, fordern Sie Ihren Körper. Bringen Sie Ihre Zellen auf Trab. Optimieren Sie Ihre Ernährung. Tanken Sie so oft es geht frische Luft.

Lesen Sie viel, trainieren Sie neben dem Körper immer auch den Geist. Nutzen Sie das immer größer werdende Angebot an Erwachsenenbildung. Sie wollten immer studieren? Jetzt haben Sie die Zeit. Ab an die Uni!

Und vergessen Sie bei all dem verantwortungsvollen Leben bloß nicht den Genuss. Ein Dinkelkeks zum Nachmittagskaffee wäre gesünder, aber ab und an ein Stück Sachertorte macht glücklich!

Zwischenruf

Prof. Dr. med. Klaus-Michael Braumann
*Ärztlicher Leiter des Instituts für Sport und
Bewegungsmedizin der Universität
Hamburg; langjähriger
Mittel- und Langstreckenläufer.*

Fit in die Kiste

Stehen Sie im Bus für eine ältere Dame auf und bieten ihr Ihren Platz an? Das ist zu kurz gedacht. Sie machen ihr sicher eine viel größere Freude, wenn Sie sie stehen lassen. Dann tut sie nämlich etwas gegen Osteoporose.

Alter ist die Folge von Vorurteilen und mangelnder Initiative.

Alter ist in unserem Kulturkreis nicht vorrangig die Folge von physischen Prozessen, sondern von Vorurteilen und mangelnder Initiative! Ein Vertreter der Partei »Die Grauen - Graue Panther« sagte mir einmal: »Ihr müsst uns Alten nicht immer alles abnehmen. Behandelt uns nicht, als könnten wir nix, sonst können wir bald wirklich nichts mehr.«

»Alt altert«, wer versucht, dem verbreiteten Altersbild zu entsprechen: sich weniger und vor allem
langsamer zu bewegen, seinen Organen also die not-
wendigen Reize zu verweigern, in jedem Raum den
erstbesten Stuhl zu suchen, anstatt Muskeln und
Gleichgewicht im Stehen gratis zu trainieren, jegli-
chen Sport den Jüngeren zu überlassen. Die Groß-
mutter geht mit ihrem Enkel nicht mehr bolzen, weil
sie es körperlich nicht mehr schafft? Nein, weil sie
gelernt hat, dass man »so etwas in meinem Alter
nicht mehr macht«. Erstaunlich, dass Generationen
über Generationen etwas als *wahr* empfinden, dessen Ursprung derart zweifelhaft ist und lediglich auf
Überlieferungen beruht.

In anderer Form kennen wir so einen Glauben zwar,
und der kann tatsächlich Gutes bewirken, hier allerdings wirkt der Glaube fatal. Weder bedeutet eine
stattliche Anzahl eigener Geburtstage eine körperliche Einschränkung, noch besagt dies, dass man die
Entscheidung darüber, was zu tun oder zu lassen ist,
an andere übertragen sollte. Ein 25-Jähriger darf frei
wählen, ob er einen Berg lieber hinaufwandert oder
ihn per Freeclimbing bezwingt, niemand wird über
seine Wahl den Kopf schütteln. Warum sollte für einen 65-Jährigen nicht das gleiche Recht gelten? Warum erwartet man von ihm, sich für das Wandern zu
entscheiden?

Warum setzen wir voraus, dass sich der alte Mensch nur im Schneckentempo fortbewegt?

Jungsein sollte allerdings immer authentisch bleiben. Wer – um bloß nicht dem Kreis der *Alten, Ge-
brechlichen* zugerechnet zu werden – Gesicht und
Körper chirurgisch verfälscht, gehört meiner Meinung nach nicht dazu. Und das Ergebnis ist zumeist

ernüchternd: Man sieht nicht mehr aus wie 70, sondern wie 69 und geliftet. Diese Sucht nach dieser Art von äußerer Jugend ist das falsche Ideal, medizinisch zählen nur die inneren Werte: der Zustand der Organe. Fitness heißt die bessere Sucht!

Meine Richtlinien für jeden Patienten, der gesund und fit sein möchte, sind stets dieselben:

➢ Trainiere regelmäßig deine Ausdauer,

➢ ernähre dich gesund,

➢ streng dein Gehirn an

➢ und freu dich über jeden neuen Tag.

Wer fit ist, wirkt jünger und benimmt sich jünger. Sinnigerweise führt genau dieser Lebensstil zu der größtmöglichen Differenz zwischen biografischem und biologischem Alter! Wer fit ist, wirkt jünger und benimmt sich jünger. Wer untrainiert ist, dem fehlen für viele Dinge die nötige Kraft, unabhängig davon, ob er 40 oder 70 ist. Mehr Fitness heißt zudem fittere Sinne, eine fittere Koordination.

Speziell bei älteren Menschen liegt in der mangelhaften Fitness die Wurzel von Unsicherheiten. Die kognitiven Fähigkeiten lassen nach, man reagiert langsamer, kann Eindrücke nicht mehr schnell genug verarbeiten, fühlt sich reizüberflutet – besonders im Straßenverkehr ein Problem. Als Folge zieht sich der ältere Mensch zurück, verkriecht sich in seine Wohnung, die schützende Höhle, die soziale Vereinsamung beginnt.

Aber dieser Ablauf ist kein Naturgesetz. Der Schlüssel lautet: regelmäßige Bewegung. Ganz simpel. Und es ist niemals zu spät, mit dem Training zu starten, und niemand ist zu alt, um noch im Training zu sein. Bewegung ist Prävention und Therapie zugleich. Meine eigene Mutter ist mein bestes Beispiel. Sie ist 82 und noch immer passionierte und reaktionsstarke Tennisspielerin. Sie fährt Auto, macht Gymnastik, schwimmt jeden Tag. Den klassischen Alterskrankheiten zeigt sie die lange Nase. Eine energische Frau voller Lebensfreude. Und zum großen Teil verdankt sie das ihrem regelmäßigen Training.

Glücklicherweise durchdringt das Bewusstsein, dass eine körperlich aktive Lebensweise die physischen sowie kognitiven Leistungen verbessert, unsere Gesellschaft immer mehr. Die Menschen werden ihres Körpers bewusster. Sie kennen ihn besser und *arbeiten* mit ihm. Sie behandeln ihn gut, weil sie Ansprüche an ihn haben. Er soll sie lange durch diese Welt tragen, soll ihnen nicht im Weg sein bei der Umsetzung ihrer Wünsche. Doch noch immer existiert eine große Kluft zwischen Bewusstsein und Handeln. Viel zu oft höre ich als Argument einiger Patienten: »Ich weiß, ich sollte mehr auf mich achten, aber meine Eltern haben genauso gelebt und sind auch alt geworden.« Meine Antwort lautet dann: »Glaube mir, *deine* Kinder werden das nicht mehr sagen können.«

Die Menschen sollten ihren Körper gut behandeln, wenn sie Ansprüche an ihn haben.

Ja, wie war es denn früher? Ohne die technischen Hilfsmittel unserer Tage waren die Menschen gezwungen, dauernd auf Trab zu sein. Noch vor hundert Jahren legte jeder Mensch täglich eine Strecke von fast 20 Kilometern durch eigene Muskelkraft zurück, beim »Homo industrialis« sind es im Durchschnitt gerade mal 100 bis 400 Meter! Eine E-Mail ist eine im Sitzen erledigte Nachrichtenübermittlung, noch vor wenigen Jahren bedeutete es den Gang zum Briefkasten. Wäsche zu waschen ist heute ein Kinderspiel, noch vor 35 Jahren war es körperliche Schwerarbeit. Die Kinder bringt heute der Bus zur Schule, früher waren es bei Wind und Wetter das Fahrrad oder die eigenen Füße. Statt eines aromatisierten Schokopuddings gab es zwischendurch eine Möhre, und statt Nachmittagen vor der Glotze tobte man im Freien oder war schon früh in der Verantwortung, den Eltern zu helfen und körperliche Arbeiten zu übernehmen. Bei so einem Alltag war es nicht notwendig, zweimal pro Woche zu festen Zeiten um den Block zu joggen.

Dass mangelnde Bewegung die Entstehung von Krebs begünstigt, ist hinlänglich bewiesen.

Wenn ein Mittfünfziger mir sagt, er würde keinen Sport treiben (»die Knie, Sie wissen ja«), auf Ernährung kaum Wert legt (»Hauptsache, es schmeckt«) und jeglicher intellektueller Forderung aus dem Weg gehen (»nach dem stressigen Job bin ich einfach zu erledigt, da will ich keine Anstrengung mehr«), brauche ich keine Glaskugel, um ihm seine Zukunft vorauszusagen. Falls er in 15 Jahren wieder vor mir sitzt, leidet er mit größter Wahrscheinlichkeit unter einer Vielzahl von unnötig erworbenen Krankheiten. Osteoporose, Arthrose, Herz-Kreislauf-Störungen, Alzheimer, Diabetes. Das ist die wohlwollende Prognose. Im nicht so wohlwollenden Fall sitzt er nicht vor mir, sondern vor seinem Onkologen. Dass mangelnde Bewegung die Entstehung von Krebs begünstigt, ist hinlänglich bewiesen.

Rolltreppenverbot

Manchmal muss der Impuls, seinen Lebensstil zu ändern und endlich Verantwortung für sich zu übernehmen, von außen kommen. Sei es über den berühmten Neujahrskick, also das Umsetzen der guten Vorsätze, weil die Freunde es auch machen, oder die deutliche Bemerkung der Lebenspartnerin, man entferne sich von Jahr zu Jahr mehr von dem schmucken Kerl auf dem Hochzeitsbild. Allerdings ist die Durchhaltequote bei beiden gering. Gefestigt wird es erst, wenn der äußere Druck auch ein innerer wird. Wenn man feststellt, wie viel besser es einem dank Sport geht. Wie viel mehr Elan man hat, wie viel besser man aussieht, wie viel jünger man sich fühlt. Ein Wohlstandsbauch ist kein liebevoll gezüchteter Energiespeicher, auch wenn das Vorurteil sich noch immer hartnäckig hält. **Bauchfett** ist ein ernst zu nehmender, biochemischer Bösewicht.

Bauchfett ist extrem stoffwechselaktiv. Es produziert zum einen Hormone, die entscheidend an der Entstehung von Bluthochdruck und Diabetes beteiligt sind, zum anderen Immuneiweiße, die zu entzündlichen Reaktionen und Gefäßschädigungen führen können und als **krebsfördernd** gelten. Speziell für Männer hat der dicke Bauch noch ein weiteres Minus: Der Fettgehalt verringert die Konzentration von männlichen Geschlechtshormonen, Erektionsstörungen sind die Folge.

Statt **lausigen Diäten** zu verfallen, sage ich jedoch: Genießt, was ihr wollt, nur bewegt euch ausreichend. Zu wenig Bewegung bedeutet nun mal, zu

Genießt, was ihr wollt, aber bewegt euch ausreichend.

wenig Energie in den Muskeln zu verbrennen. Die Energietanks in den Zellen sind also randvoll. Da man aber permanent weiter isst, also neue Energie zuführt, wird der Körper zunächst versuchen, die überflüssige Energie an anderen Stellen unterzubringen. Das Fett wird in den Zellen eingelagert und bildet dort **Entzündungsmarker**, die Bauchspeicheldrüse produziert Insulin wie am Fließband, um den gestiegenen Blutzuckerspiegel zu bekämpfen. Doch selbst diese Menge an Insulin schafft es nicht, den Zucker in die überfüllten Muskelzellen zu bringen, neues, völlig unverwertbares Insulin wird ausgeschüttet. Eine Insulinresistenz ist die Folge, die Vorstufe des Diabetes Typ 2. Was früher als »Alterszucker« galt, ist keine Frage des Alters, sondern eines Mangels an Bewegung und des daraus resultierenden Übergewichts. Mit dramatischen Ausmaßen:

Bewegungsmangel hat dramatische Folgen.

➤ Alle 19 Minuten erfolgt in Deutschland eine diabetesbedingte Amputation.

➤ Jede Stunde kommt ein neuer Patient an ein Dialysegerät.

➤ Alle 90 Minuten erblindet jemand.

Die Uhr tickt. Es gibt inzwischen 4-jährige mit der Diagnose Diabetes Typ 2. Abgesehen von dem Leiden dieser Menschen: Wer soll das alles bezahlen? Wenn man bedenkt, welche **volkswirtschaftlichen** Folgen Übergewicht nach sich zieht, würde man sich wünschen, die Benutzung von Fahrstühlen und Rolltreppen sei nur denen erlaubt, die wirklich nicht anders können. Alle anderen müssten durch eigene Muskelkraft hoch.

Früher waren Gelenkprobleme (»Verschleiß«) eine Folge von zu starker Beanspruchung, heute von einem Mangel an Nutzung. Gelenke werden nicht nur durch die in der Gelenkkapsel liegenden Bänder stabilisiert, sondern zu einem wesentlichen Teil durch die das Gelenk umgebende Muskulatur. Und die ist durch Wohlstand erschlafft.

Ein guter Hahn wird nicht fett

Dabei ist der Alltag voller Möglichkeiten, sich zu bewegen. Lauft zu Fuß bis zur übernächsten Haltestelle und steigt erst dort in den Bus. Lasst das Auto stehen und fahrt Fahrrad. Tobt mit euren Kindern und Enkelkindern. Bringt den Garten auf Vordermann. Kauft euch einen Hund und freut euch über jeden Spaziergang mit ihm. Statt einen Umzug ins Erdgeschoss zu erwägen, zieht lieber ein Stockwerk höher! Das ist Fitnesstraining frei Haus und schenkt euch wertvolle Jahre!

Sucht euch darüber hinaus eine Sportart, die euch Spaß macht. Trainiert am besten mit anderen, denn nicht nur Bewegung macht gesund, sondern auch Gesellschaft. Als hervorragend geeignet, um den Körper fit zu halten, sind Ausdauersportarten wie Joggen, Nordic Walking, Fahrradfahren, Inline-Skating, Rudern und Schwimmen. Regelmäßiges Ausdauertraining erzielt etliche über die körperliche Fitness hinausgehende Effekte. Die vermehrte Ausschüttung von Endorphinen hebt die Stimmung, die Sexualität wird verbessert, die kognitive Leistung steigert sich. Erhöhte Koordinationsfähigkeit bedeu-

Ausdauertraining erzielt etliche über die Fitness hinausgehende Effekte.

tet **Sturzprophylaxe**: Die Selbstbestimmtheit bleibt erhalten.

Wenn ich gesund altern will, muss ich konsequent trainieren. So ist es nun mal. Es gibt keine »Bewegungs-Pille«, die uns die Arbeit abnimmt. Eigentlich wissen wir alle, was zu tun ist. Nur warum setzen es noch immer so wenige um und gefährden sich damit in höchstem Maße selber?

Sport macht schlau! Dein Körper, das unbekannte Wesen – so wachsen Kinder heute noch immer auf. Das Wissen darum, wie man sich gut behandelt, kommt erst viel später im Leben, und das ist zu spät. Das Thema gehört auf den Lehrplan der Schulen. Im Sportunterricht sollte nicht nur die praktische Bewegung gelehrt werden, sondern auch die Theorie. Warum brauchen wir Sport? Was bewirkt Bewegung im Körper? Was sind die Folgen schlechter Ernährung? Abgesehen von den positiven Auswirkungen auf die Kinder beziehungsweise die späteren Erwachsenen wäre das eine deutliche Entlastung für unser Gesundheitssystem.

Sport macht schlau. Nun muss man nur schlau genug sein, um tatsächlich Sport zu machen.

Alt ist man, wenn man an der Vergangenheit mehr Freude als an der Zukunft hat.

John Knittel

Kapitel 5

Der wichtigste Tag im Leben

Alter(n) soll Spaß machen

Das klingt neu für Sie? Ist es auch. Für das »schöne Altern« fehlen uns nur die Vorbilder. Es existieren keine über Generationen überlieferten Erfahrungen, wie man jahrzehntelange Rentenphasen sinnvoll nutzt. Es *gab* vor uns einfach keine langen Rentenphasen. Pläne für Jahrzehnte blieben Theorie, denn kurz nach dem Eintritt in das Rentenalter war es meist schon wieder vorbei. Was wir erleben, ist ein – welche Ironie des Wortschicksals – junges Phänomen. Unbekanntes Terrain.

Denn Neuland gilt es zu entdecken. Aber wir werden nach mehr als einem halben Jahrhundert Leben und erlebten Wissens nicht kapitulieren, nur weil wir uns auf **Neuland** begeben. Denn Neuland gilt es zu entdecken. Nähern wir uns über die Statistik und dem, was sie für uns bedeutet: Das menschliche Leben lässt sich in drei Drittel einteilen.

➢ Das erste Drittel ist die Kindheit und Jugend. Das Spielen und Lernen. Schule, Lehre, Universität. Erste Liebe, erster Liebeskummer. Der Einzug in die ersten eigenen vier Wände.

➢ Das zweite Drittel gilt dem Anwenden des Gelernten und der Weitergabe, dem Abschied vom Kindsein, der Gründung einer eigenen Familie, der Übernahme von Verantwortung auf vielen Ebenen.

➢ Mit dem Eintritt in die Rentenzeit liegt noch einmal so ein spannendes Drittel vor uns. Wir haben keinerlei Druck mehr im Nacken, stattdessen viel Zeit für all das, zu dem wir in den vergangenen zwei Dritteln nicht gekommen sind.

Dazu kommt eine Menge Erfahrung, die uns trägt und uns jeden Tag intensiver begehen lässt. Mit 30 huscht man eiligen Schrittes durch die Innenstadt, der Blick bleibt auf Schaufensterhöhe oder gleich am Boden, um beim Laufen nicht zu stolpern. Im Alter dagegen lebt man bewusster. Man schlendert an den Schaufenstern vorbei, statt zu rennen. Wir gehen nicht langsam, weil wir nicht schneller können, sondern weil wir nicht schneller *müssen*. Das ist ein gravierender Unterschied. Wer Zeit hat, sieht auch mal nach oben und bemerkt die schönen Fassaden und das kräftige Blau des Himmels. Und genau diese Momente machen glücklich.

Zeit zu haben macht glücklich.

Zeit ist keine Last, sondern ein Geschenk, nur ist der moderne Mensch nicht mehr auf den Umgang mit ihr trainiert. Seit wir uns erinnern können, liefert die Technologie immer mehr Hilfsmittel und Gerätschaften, die uns Zeit ersparen sollen. Geschirrspülmaschinen, Computer, Mikrowellen.

Mit dem Alter nimmt die Urteilskraft zu und das Genie ab.
Immanuel Kant

Doch haben wir dadurch tatsächlich mehr Zeit als unsere Vorfahren, die ihre Teller noch mit Lappen und Bürste schrubbten? Wie viel wiegt die Zeitersparnis einer E-Mail gegen die traurige Erkenntnis, keinen handgeschriebenen Brief mehr im Postkasten zu finden? Und reichen nicht schon 20 Minuten, die wir auf unseren Zug warten müssen, um zu merken, dass wir mit freier Zeit gar nichts mehr anzufangen wissen? Jetzt stellen Sie sich mal vor, Sie müssten auf diesen Zug ein paar Jahre warten! Besser, Sie haben dann einige gute Bücher in der Tasche.

Wir sind es nicht mehr gewohnt, Zeit zu planen. Das moderne Leben und all seine tausendfachen Anforderungen geben so viele Abläufe vor, dass uns nur ein geringer Spielraum an freier Zeit bleibt. Aber schon der genügt vielen Menschen, um sich gehörig zu langweilen. Was für ein Glück, dass ein 8-Stunden-Job im Büro plus Hin- und Rückfahrt einem da bereits einen Großteil der Tagesstunden abnimmt. Dann noch ein paar Stunden Schlaf, und den Rest kriegt man schon irgendwie rum. Zwei Wochen Urlaub, die man nicht abgelenkt im Ausland, sondern auf sich allein gestellt zu Hause verbringt, reichen den meisten, um zu merken, wie öde zu viel Freizeit sein kann. Egal wie gern oder ungern man ins Büro, die Fabrik oder das Labor geht: Durch die regelmäßige Arbeit ist ein großer Teil des Alltags vorgegeben, Zeitabläufe sind festgelegt, Struktur und Sinn sind vorhanden – auch wenn man das manchmal erst hinterher merkt.

Das Glück steckt zu 50 Prozent in den Genen. Zu 10 Prozent wird es von Lebensumständen beeinflusst, auf die wir keinen Einfluss haben. Und 40 Prozent sind machbar.

Mit dem Eintritt ins Rentnerdasein ist von einem Tag auf den anderen alles anders. Unpassenderweise braucht man nun auch noch weniger Schlaf als einst. Mitunter sind also über Jahre oder Jahrzehnte täglich 18 bis 20 Stunden mit Beschäftigung zu füllen. Ohne Probleme schafft diese Umstellung kaum jemand. Den Umgang mit freier Zeit muss man erlernen. Ja, auch das dritte Drittel des Lebens ist eine

Zeit des Lernens. Wir sind die Schüler. Und zugleich die Lehrer.

Der 60. Geburtstag ist einer der wichtigsten Tage des Lebens. Ganz egal, wie abgeklärt wir sein mögen, dieses Jubiläum erwischt jeden von uns eiskalt. Ähnlich wie drei Jahrzehnte zuvor. Erinnern Sie sich noch an Ihren 30. Geburtstag? Wer sicher und zufrieden im Leben stand, hatte keine Angst, diese »Hürde« zu nehmen. Was soll mit 29 schon anders sein als einen Tag später? Man kauft für die Party ein, wirft sich in Schale und empfängt seine Gäste. Und einer nach dem anderen thematisiert diese scheinbar so unwichtige Zahl. »Na, wie fühlt man sich nun mit 30?«, unkt es da, oder: »Willkommen im Club, altes Haus!«

Der 60. Geburtstag lässt niemanden kalt.

Niemand lässt diese Zahl unkommentiert, und langsam dämmert einem, dass sich dahinter doch etwas Bedeutsameres verbirgt. Irgendetwas, wovon alle über 30 wissen und wovor man sich nicht schützen kann. Irgendein Wandel, der nicht dadurch aufzuhalten ist, dass man ihm bislang keine Aufmerksamkeit geschenkt hat. Man ist also gespannt. Und tatsächlich, die Dinge ändern sich. Schleichend setzt ein Alterungsprozess ein, den man mit Staunen und teils Entsetzen begleitet. An den Augen legt sich die Haut in erste Falten, Phasen, in denen man das Sofa dem Laufband vorzieht, lässt der Rücken nicht mehr straffrei durchgehen, und nach einer abendlichen Tour mit den Freunden liegt man den ganzen nächsten Tag in Sauer. Das ist alles allerdings kein Drama, denn etwas gelassener wird man im Gegenzug ebenfalls.

Drei Jahrzehnte später – die vielen Kerzen passen längst nicht mehr auf die Torte – orakeln die Geburtstagsgäste von neuem, und man ahnt: Ganz ohne Grund geschieht das auch diesmal nicht.

»30« bedeutet für viele den Start eines neuen Kapitels. Ausbildung, Studium, der Auszug aus dem Elternhaus liegen hinter einem, vielleicht teilt man sich bereits die erste gemeinsame Wohnung mit einer Partnerin. Der Start in das Arbeitsleben, der nächste Sprung auf der Karriereleiter, die Familiengründung warten auf ihre Umsetzung. Unbeschwertheit wandelt sich in Verantwortung. Alles scheint im **Aufbruch**.

Altern ist ein hochinteressanter Vorgang: Man denkt und denkt und denkt – und plötzlich kann man sich an nichts mehr erinnern.
Ephraim Kishon

Das ändert sich auch mit 60 nicht, selbst wenn die großen Themen nun andere Namen haben. Der 60. Geburtstag ist der richtige – und notwendige – Zeitpunkt für eine Statusanalyse. Zeit, einmal ordentlich aufzuräumen, sein Leben zu **entrümpeln**. Die Voraussetzungen sind ideal: Wer 60 ist, betrachtet das Leben realistisch. Die rosaroten, oft schützenden Brillengläser der Jugend sind längst gegen transparente, die Wirklichkeit durchlassende, eingetauscht.

Wer schreibt, der bleibt

Bei dieser Statusanalyse geht es weniger darum, Zwischenbilanz zu ziehen, sondern darum, sich neu zu positionieren. Daher zählen nicht die Fehler der Vergangenheit, eventuelle Versäumnisse oder falsche Entscheidungen, sondern Ziele und Wünsche für das Morgen. Was will ich für meine Zukunft? Wie will ich leben? Mit wem will ich leben? Mein Tipp dabei ist, sich die Zeit zu nehmen und diese »Inventur« nicht nur im Kopf durchzuspielen, sondern sie **schriftlich** festzuhalten. Diese Zeit müssen Sie sich wert sein. Bei allem Spaß und allem Genuss: Dieses dritte Drittel des Lebens ist zugleich das letzte. Für ein Ach-hätte-ich-bloß ist später kein Platz.

Notieren Sie die Fakten Ihrer Gegenwart:
1. Mit wem leben Sie in einer Beziehung? Lieben Sie diesen Menschen? Sind Sie glücklich?
2. Wer sind Ihre Freunde? Kümmern Sie sich ausreichend um diese Freundschaften?
3. Wie ist der Kontakt zu den Kindern und Enkeln?
4. Wann nehmen Sie sich Zeit für Sport?
5. Wie lauten Ihre Hobbys? Sind Sie wirklich aktiv genug dabei?
6. Was machen Sie mit Leidenschaft?
7. Wo engagieren Sie sich?
8. Gibt es körperliche Beschwerden?
9. Welchen Urlaub wollten Sie immer machen, kamen aber nie dazu?
10. Für die Erfüllung welchen Traumes hätten Sie jetzt endlich genug Zeit?
11. Wie hat sich Ihre Sexualität in den letzten zehn Jahren verändert? Wenn es sich in den nächsten zehn Jahren genauso weiter entwickeln würde, wären Sie damit zufrieden?
12. Wodurch erfahren Sie Bestätigung?
13. Ernähren Sie sich gesund?
14. Wen wollen Sie schon seit Ewigkeiten anrufen?

Bevor Sie weiter lesen, greifen Sie bitte zum Telefon und erledigen Punkt 14, denn kaum etwas ist so wichtig wie ein gesundes soziales Netzwerk. Egal wie alt Sie sind.

Zurück zu Ihrer Liste. Lesen Sie sich Ihre Antworten noch einmal durch und entscheiden spontan: Wenn Ihre Gegenwart auch Ihre Zukunft wäre, würde Sie das freuen?

Falls die Antwort negativ ausfällt: Welche Punkte müssten sich verbessern, damit Ihnen das Bild gefällt? Notieren Sie Ihre Änderungswünsche und wie Sie sie umsetzen wollen. Bauen Sie sich das **Lebenshaus**, in dem Sie sich die nächsten Jahrzehnte wohlfühlen können. Prüfen Sie, ob das **Fundament** solide genug ist. Wenn an irgendeiner Stelle Wasser durchsickert und die Wände mit der Zeit feucht werden, nützt die edelste Inneneinrichtung nichts.

Es kommt nicht drauf an, wie alt man wird, sondern wie man alt wird.
Werner Mitsch

Wie *groß* das Fundament ihres Baus ist, spielt dabei nur eine geringe Rolle. Wichtig ist die Qualität. Wenn es Ihr Ziel ist, mit 90 fit und munter im Kreis Ihrer Lieben die Kerzen auf der Geburtstagstorte auszupusten, müssen die Wände Ihres Lebenshauses stabil sein und Wind und Wetter trotzen. Wenn es Ihnen nichts ausmachen würde, mit Ende 60 einsam aus der Wohnung getragen zu werden, dürfen Sie Ihre Liste jetzt gerne in den Papierkorb werfen und weiter fernsehen. Es ist wie bei der Planung eines Urlaubs: Lange Reisen bedürfen einer sorgfältigeren Vorbereitung als Wochenendtrips.

Wo vorbereitet in die Rente gestartet wird, haben trübe Gedanken keinen Raum, sich auszubreiten. Es liegt in Ihrer Entscheidung, zu denken: »Was soll ich nur anfangen mit den vielen freien Stunden?« oder aber: »Ich habe so viele Hobbys, Freunde und Pläne und bald Zeit, mich ihnen voll zu widmen!«

Der Eintritt in die Rente ist vergleichbar mit dem Moment, in dem man das erste Mal Vater wird: Man hat keine Ahnung, was auf einen zukommt. Man hat viel gehört, viel gelesen, und dennoch nur eine schwammige Vorstellung von dem, was einen erwartet. Man ahnt, es ändert sich vieles, aber der Dimension wird man sich erst bewusst, wenn man es selbst erlebt. Der gravierende Unterschied ist allerdings, dass man sich als Vater eingestehen kann, Fehler gemacht zu haben. »Beim zweiten Kind mache ich das anders.« Diese Chance hat man als Rentner nicht. Daher müssen die Vorbereitungen umso sorgfältiger sein. Ein Segen, wer da die Fähigkeit hat, in sich hinein und auf seine innere Stimme zu hören. Alle anderen sollten es schleunigst lernen. Konzentrieren Sie sich noch einmal auf die Fragen Ihrer Liste. Haben Sie sie vorhin mit dem Kopf beantwortet oder mit dem Bauch? Erst Letzteres ist wirklich ehrlich.

Die meisten Menschen sind auch im Alter noch sexuell aktiv. In der Altersgruppe der 65- bis 74-Jährigen liegt der Anteil bei 53 Prozent. Im darauf folgenden Lebensjahrzehnt sinkt der Anteil auf 26 Prozent. National Social Life, Health and Aging Project, Universität Chicago

Koh Samui

Meine innere Stimme sagte mir schon lange vor meinem 60. Geburtstag, dass es Zeit ist für grundlegende Veränderungen. Je näher das Datum rückte, desto bewusster wurde mir, was ich wirklich wollte. Mit dem 60. Geburtstag wollte ich aufhören, für Geld zu arbeiten. Meine Ungeduld kam mir dazwischen und ich beschloss, das Ereignis vorzuziehen und bereits als freier Mensch das neue Jahrtausend zu begrüßen. So kam es, dass ich 1999 mit 56 Jahren meinen Beruf aufgab. Ich wollte die Zeit, in der ich nur noch für meine Freunde, Hobbys und Leidenschaften lebe, vorziehen. Wie viele Menschen haben schon das Glück, eine Jahrtausendwende mitzuerleben? Ich gehörte dazu und wollte etwas Besonderes aus diesem Glück machen. Den Luxus, diese Entscheidung treffen zu können, habe ich mir lange erarbeitet.

Ende Dezember 1999 feierte ich eine große Abschiedsparty mit meinen Mitarbeitern. Auf dem Höhepunkt der Feier zog ich vor allen Leuten meinen Smoking aus und die Lederjacke an. Ich habe mich verabschiedet, bin in das bestellte Taxi gestiegen und ließ mich auf direktem Weg zum Flughafen fahren. Mein Ziel war eine kleine Hütte auf Koh Samui in Thailand. Dort wollte ich zur Ruhe kommen. Ich blieb vier Monate lang, mit nichts weiter als einem kleinen Rucksack.

Die Altersweisheit gibt es nicht. Wenn man altert, wird man nicht weise, sondern nur vorsichtig.
Ernest Hemingway

In der ersten Zeit habe ich mich fürchterlich gelangweilt. Ein Gefühl, das ich absolut nicht kannte, und das ich zunächst kaum annehmen konnte. Ich war von 100 auf Null gebremst worden, mir fehlte die Action des Alltags. Nachts träumte ich von klingelnden Handys und vollen Posteingangskörben. Ich überlegte (und verwarf) touristische Erschließungskonzepte und dachte irgendwann ernsthaft darüber nach, mir einen Hund zu kaufen.

Eines Tages legte sich der Schalter um. Ich wachte auf, hörte das Meer und die Vögel und fing an, die Einsamkeit zu genießen. Und fernab von allem Alltagslärm, all den Dingen, die einen ablenken, fand ich *mich*. Ich fühlte mich so wohl wie nie zuvor. Ich suchte mir einen Masseur, begann, so inaktive Dinge wie Mittagsschlaf zuzulassen, meditierte. Ich habe jeden meiner Jobs gemocht und bin überzeugt davon, für das Arbeiten, das Schaffen geboren zu sein. Aber anscheinend ebenso für den Müßiggang.

Freiheit zu erleben ist etwas Traumhaftes, muss aber kein Traum bleiben. Nicht jeder hat die Chance, seinem Leben für Monate zu entfliehen, aber man kann auch im kleineren Rahmen Freiheit erleben. Indem man sich Inseln schafft. Ich nehme mir jeden Morgen Zeit, zu meditieren. Die Tür meines Zimmers ist verschlossen und ich konzentriere mich auf mich selbst. Für eine wertvolle halbe Stunde bin ich dann wieder auf Koh Samui.

Fazit

Nie zuvor in der Geschichte hat es so eine betagte, dabei gesunde und finanziell gut ausgestattete Rentnergeneration gegeben. Der 60. Geburtstag bietet einen hervorragenden Anlass, eine Zwischenbilanz des bisher Erlebten und Erreichten zu ziehen und darüber nachzudenken,

➤ ob man genauso weiterleben möchte wie bisher,

➤ ob man sich mit jenen Menschen umgibt, die man um sich haben möchte,

➤ ob man das tut, woran man Freude hat,

➤ welche Träume man sich noch erfüllen möchte

➤ und ob man mental und gesundheitlich für die kommenden Jahre gut gerüstet ist

Der 60. Geburtstag kann der wichtigste Tag im Leben sein, wenn man es versteht, sein Leben von unnötigem Ballast zu entrümpeln und befreit und erleichtert zu neuen Zielen durchzustarten.

Die Zukunft kommt in Raten, das ist
das Erträgliche an ihr.

Alfred Polgar

Kapitel 6

Der Weg zum Ziel

Gute Gedanken

Ich bin Traditionalist. Ich habe viel von alten Menschen gelernt, von ihren Erfahrungen profitiert. In jungen Jahren fördert der Wettbewerb die Kreativität, warum sollte das im Alter anders sein?

> **Schaut auf die, die ihre Rentenzeit nutzen. Nehmt sie als Vorbild und entwickelt daraus euren individuellen Weg.**

Am glücklichsten sind die Lebenshungrigen.

Meine Beobachtungen und Gespräche mit Älteren haben mir gezeigt: Am glücklichsten sind die, die auf das Geburtsdatum in ihrem Pass pfeifen. Die sich um ihren Körper und Geist kümmern und das Leben führen, das zu ihnen passt. Die Selbstbestimmten, die Lebenshungrigen, die ihre Stärken kennen und zu ihren Schwächen stehen, die sind es, die mir imponieren. Es gibt im Leben immer einen Ist-Zustand und einen Soll-Zustand. Dabei führen stets mehrere Wege vom Ist zum Soll. Aber nur ein Weg, der wirklich glücklich macht. Und den gilt es zu finden und die entsprechenden Weichen zu stellen. Am ehesten hat wohl jener ein erfülltes Leben, der sich an den eigenen Zielen orientiert.

Zu meinem 60. Geburtstag flog ich erneut nach Koh Samui. Auch diesmal blieb ich vier ganze Monate. Allein für meine Bücherkoffer habe ich mehrere hundert Euro Übergepäck zahlen müssen. Doch auch wenn ich etwas Derartiges über Literatur ungern sage: In diesem Fall war sie nur Ballast. Ich habe in diesen Monaten höchstens fünf Bücher gelesen.

Das Leben außerhalb meiner Strandhütte war dermaßen reich und erfüllend, dass es eine Verschwendung gewesen wäre, die Aufmerksamkeit auf etwas anderes zu konzentrieren. Stattdessen habe ich meinen Rucksack geschultert und bin gestartet, ohne Ziel. Ich habe mich einfach von den **Sinnen** leiten lassen. Klänge, Gerüche und mein Bauchgefühl waren meine Wegweiser. Ich habe mir täglich eine Massage gegönnt, frische, leichte Küche genossen, bin viel spazieren gegangen und habe bei jeder Gelegenheit mit den Einheimischen geplaudert und gefeiert. Am Abend meines 60. Geburtstages fühlte ich mich wie 40.

Wenn man mit sich im Reinen ist, sich traut, sein Innerstes nach außen zu tragen ohne Scheu vor den Reaktionen anderer, wenn man so lebt, dass Zufriedenheit und innere Ruhe mehr zählen als Geld und Ansehen, ist das der beste Jungbrunnen.

»Jaja, der Mann hat leicht reden. Soll der doch mal mit *meinem* Kontostand und *meinen* Verpflichtungen versuchen, mit sich im Reinen zu sein!«

Natürlich ist es nicht immer möglich, genau das Leben zu führen, das man sich erträumt. Es gibt schicksalhafte Umstände, die uns den Blick auf alles Schöne lange Zeit erschweren. Doch eines gilt immer: Die Gedanken sind frei. Ob ich verdränge oder annehme, bleibe oder fliehe, es liegt

Wer in der Zukunft lesen will, muss in der Vergangenheit blättern.
André Malraux

in meiner eigenen Verantwortung. Für das materielle Fundament gilt ähnliches. Meine überwältigende Zeit auf Koh Samui hat mir kein Erbkonto finanziert, ich habe mir alles erarbeitet. Ich verfügte als junger Mensch weder über einflussreiche Kontakte noch über einen überdurchschnittlichen IQ. Was mich erfolgreich werden ließ waren Eigenschaften, die in jedem anderen Menschen ebenso angelegt sind: Spaß am Leben, Selbstbewusstsein, Ehrgeiz und ein gesunder Mut zum Risiko. Darum bin ich mir sicher: Wer weiß, wie er einmal leben möchte, wird dieses Ziel mit rechtzeitiger und disziplinierter Planung auch erreichen.

Wer weiß, wie er leben möchte, wird sein Ziel mit Disziplin und Planung erreichen.

Das Zünglein an der Waage ist dabei für mich allerdings nicht Glück (passiv), sondern Optimismus (aktiv!). Es gibt kaum einen stärkeren Antriebsmotor als **positive Gedanken**. Fest zu glauben, dass man etwas schafft, ist der beste Förderer. Darüber hinaus sind Optimismus und Lebensfreude die wirkungsvollste Medizin. Schlechte Gedanken und Lebensverdruss machen nachweislich krank. Wie wertvoll also, dass sich Gedanken beeinflussen lassen.

Dessen wurde ich wieder einmal aufs Neue bewusst, als ich vor einiger Zeit über den Planungen für meine China-Reise saß. Eine Reise, die Privates mit Beruflichem verbinden sollte. Ich wollte nicht nur als Tourist durch das Land fahren, sondern nach neuen Objekten für meinen Asiatica-Handel Ausschau halten. Ein Bekannter hörte von meinem Vorhaben und zog die Augenbrauen zusammen: »Und das so kurz nach deiner Operation? Das ist doch viel zu viel Stress. Lass doch jemand anders fliegen.« »Warum?«, fragte ich lachend, »ich freue mich seit Wochen auf diese Tour und sitze wie ein aufgeregtes Kind über den Reiseplänen. Und weißt du was? Parallel dazu schreibe ich auch noch an meinem nächsten Buch!« Ich hatte mich dazu entschlossen, nicht zu stöhnen über all die Dinge, die nun zu planen sind, sondern pure **Vorfreude** zu empfinden. Und genauso kam es.

So wie ich an diese Reise heranging, betrachte ich mein ganzes Leben. Ich organisiere mit Freude die **Rahmenbedingungen**, den Rest überlasse ich ganz entspannt dem Zufall. Ich kenne ja das »Gerüst«, ich kann sicher sein, dass alles bestens organisiert ist. Egal wie dann die Details ausfallen mögen: Ich weiß, ich werde eine schöne Zeit haben.

Innerhalb meines sicheren Rahmens spiele ich gerne. Wenn ich ein Hotel betrete, sage ich: »Gebt mir das schönste Zimmer für den besten Preis.« Das wird meist zunächst belächelt, aber wenn ich mir dann selbstbewusst meinen Hut schnappe, um zum nächsten Hotel zu spazieren, hat man mir bislang immer das erwartete sensationelle Angebot gemacht. Zimmer für 600 Euro buche ich grundsätzlich für nicht mehr als 200. So etwas freut mich. Diesen Luxus des Abwartens kann ich mir leisten, weil ich Zeit habe. Und keine Gier, keinen Druck in mir. Es geht nicht um die Ersparnis, es geht um das Spiel. Ich freue mich daran wie ein Kind.

> **Machen Sie sich erst einmal unbeliebt, dann werden Sie auch ernst genommen.**
> *Konrad Adenauer*

Vernünftig war ich noch nie – vernünftig im allgemein gültigen Sinne. Ich habe immer nach meinem eigenen Bauch und Kopf gehandelt. Ratschläge waren mir niemals das, was man mir *sagte*, sondern

> **Alter muss man planen.**

das, was ich *sah*. Ich habe mir früh das Ziel gesetzt, ein verrücktes, unabhängiges Leben auf einer bodenständigen Basis zu führen. Man kann das verrückteste Haus bauen, doch das Fundament muss stimmen. Die Grube dafür schaufelt einem niemand aus, da muss man schon allein das Werkzeug in die Hand nehmen. Bequemlichkeit ist auch für das Alter kein Rezept. Alter muss man planen, ebenso wie man einen Urlaub plant. Aber sorgfältiger, denn einen Urlaub kann man notfalls abbrechen und im nächsten Jahr ein reizvolleres Reiseziel auswählen. Diese Möglichkeit haben wir mit dem Alter nicht. Ob wir hinterher an einem besseren Ort sind, ist ungewiss. Und *wählen* können wir ihn erst recht nicht. Also müssen wir uns das Hier und Jetzt so gestalten, dass wir gar nicht erst weg wollen.

Inventur

»Ich bin 60, ich gehe bald in Rente. Dann hab ich es geschafft!«

Falsch! Es muss lauten:

> **»Ich bin 60, ich gehe bald in Rente.**
> **Dann kann ich alles schaffen!«**

Der 60. Geburtstag ist der Startschuss für die schönsten Jahre.

Jede Phase des Lebens ist spannend und bietet viel Raum für glückliche Momente, aber meiner Erfahrung nach ist der 60. Geburtstag der Startschuss für die wichtigsten und schönsten Jahre überhaupt. Ich habe immer intensiv und voller Genuss gelebt, aber niemals fühlte ich mich wohler in meiner Haut als heute. Meine Pläne sind aufgegangen. Die Vorbereitungen, die ich für diese Phase meines Lebens getroffen habe, all die Überlegungen und Taten waren es wert. Investieren Sie wie ich. Kein Geld, sondern Zeit. Nehmen Sie sich Zeit, um zu säen. Und freuen Sie sich schon jetzt auf die Ernte! Schauen Sie zurück auf Ihre Liste:

➤ Was will ich für meinen Alltag?

➤ Wie lauten meine Träume?

➤ Wo stehe ich, was habe ich erreicht?

Hören Sie noch einmal wirklich in sich hinein. Es geht weder darum, was Sie im Leben *nicht* erreicht haben, noch darum, was irgendwann einmal ihre Träume waren. Vielleicht ist Ihnen der Segelschein, für den Sie ein Leben lang keine Zeit hatten, gar nicht so wichtig?

Vielleicht gibt es schönere Zeiten, aber diese ist die unsere.
Jean-Paul Sartre

Haben Sie Ihre Notizen gemacht? Dann überlegen Sie, wie Sie Ihre Ziele erreichen. Die großen Ziele lassen Sie sich für den Schluss der Überlegungen. Erst einmal geht es um das scheinbar Kleine. All das **vermeintlich Nebensächliche**, was jedoch für die Qualität Ihrer nächsten Jahrzehnte elementarer sein wird, als Sie sich heute ausmalen können. Es geht um die Grundlage Ihres Lebens, um das soziale Netz, um Ihren Körper, Ihren Geist. Ihr großes Kapital bei allen Plänen ist Ihre Lebenserfahrung. Sie wiegt wesentlich stärker als materielles Vermögen.

Finanzielle Unabhängigkeit ist das große Ziel der Massen. Aber ist persönliche Unabhängigkeit nicht viel wertvoller? Es kostet keinen Cent, ein energie-raubendes Kaffeekränzchen abzusagen und sich stattdessen allein an einen See zu setzen und die Stille zu genießen. Und dennoch macht es so viel reicher als jeder neue Sportwagen. Träume müssen nicht immer Geld kosten. Glück ist ohnehin nicht bezahlbar.

Erfolgreich entrümpeln

Greifen wir das Bild des Lebenshauses noch einmal auf. Will ich mich darin wohlfühlen, richte ich es mir so ein, wie es zu mir passt. Wenn ich viel Platz für meine Bücherregale brauche, fliegt die ausgediente Schrankwand auf den Sperrmüll. Wenn ich nur noch Tee trinke, kann ich meine Kaffeemaschine an jemanden verschenken, der sie eher zu würdigen weiß. Wenn der Keller voller Gerümpel ist, muss ich mir ein Wochenende Zeit nehmen und dort einmal ordentlich aufräumen.

Der 60. Geburtstag ist ein guter Zeitpunkt, sein Leben zu entrümpeln. Das bezieht sich auf Kellerräume, Geschirrschränke und Gartenschuppen, aber auch auf Beziehungen und Ängste. Darunter fallen so unpopuläre Dinge wie das Überdenken der eigenen Partnerschaft beziehungsweise Ehe.

Das größte Übel der heutigen Jugend besteht darin, dass man nicht mehr dazugehört.
Salvador Dalí

Speziell in der Vorstellung Jüngerer scheint es für uns Alte als hehres Ziel zu gelten, nach zig Jahren gemeinsamen Lebensweges nicht mehr zu prüfen, ob man noch immer zueinander passt, sondern sich gefälligst zu freuen, dass der Partner überhaupt noch *lebt*. Ich sage: Selbst bei aller Dankbarkeit über die Langlebigkeit des Gegenübers darf man auch mit 60 eine Ehe noch als gescheitert ansehen. Man muss jemanden nicht zwangsläufig lieben, nur weil er noch immer *da* ist.

Zu oft erlebe ich im Bekanntenkreis, zu welchem Frust das führt. Zur silbernen Hochzeit wird verkrampft lächelnd im Familienkreis angestoßen und abends heimlich auf das Hochzeitsfoto geheult. Nur weil man vor Jahrzehnten mal ein tolles Paar war, verhindert es nicht, dass man sich im Laufe der Zeit in zwei völlig unterschiedliche Richtungen entwickelt hat. Wenn man diese ernüchternde Feststellung machen muss, ist Resignation keine Lösung. Niemandem ist damit geholfen, wenn man sein letztes Lebensdrittel damit verbringt, abzuwarten, bis man genauso tot ist wie die Ehe.

Wenn die Liebe sich fortgestohlen hat, ist niemand zu lebenslänglicher Ehe verdammt.

Glücklicherweise haben nicht alle Beziehungen eine derartige Tragweite. Manchmal braucht man für das »Entrümpeln« nur einen Kugelschreiber. Am Abend meines Geburtstages habe ich in Ruhe mein Adressbuch aufgeschlagen und es Eintrag für Eintrag durchgesehen, habe jeden Kontakt überprüft. Bin ich gerne mit diesem Menschen in Verbindung? Sind wir gut für einander? Bin ich ihm von Nutzen oder er mir? Oder habe ich da einen klassischen »Energievampir« eingetragen? Jemanden, der die Aufmerksamkeit nur auf sich lenkt, nur eigene Belange kennt? Solche Menschen sind daran zu erkennen, dass man sich nach einem Treffen mit ihnen fühlt, als wäre man ausgesaugt, kraftlos und schachmatt. Sie wurden aus mei-

Wenn die Sonne der Kultur niedrig steht, werfen selbst Zwerge lange Schatten.
Karl Kraus

nem Adressbuch sofort gestrichen. Ebenso die, zu denen ich mehr als ein Jahr lang keinen Kontakt hatte und es keinen Grund gab, das in Kürze zu ändern. Ich analysierte dabei nicht die jeweilige Person, sondern lediglich ihre **Verbindung** zu mir.

Mit 60 ist man zu alt für gespielte Gefühle.

Den Menschen, deren Namen ich durchstreiche, will ich nichts Böses. Ich möchte nur freier werden. Ich werde von meiner Seite aus keinen Kontakt mehr aufnehmen. Wenn derjenige mich anruft, ist es in Ordnung, ich reagiere genauso höflich wie bei jedem anderen auch, nur geht die Initiative nicht mehr von mir aus. Wer mir wohlgesonnen ist, mit dem verbringe ich gerne die entspanntesten Jahre meines Lebens. Und wenn jemand von meinen Freunden Hilfe braucht, bin ich sofort da. Aber wer stets nur zu mir kommt, wenn er etwas *braucht*, soll sich dafür zukünftig jemand anderen suchen. Mit 60 ist man zu alt für gespielte Gefühle. Ich habe keine Zeit, mich zu ärgern. Ich habe nur Zeit, mich wohl zu fühlen. Was oder wer mich ärgert, wird »entrümpelt«.

Das spüren zurzeit besonders die Finanzdienstleister der Stadt. Da entrümple ich besonders kräftig. Mehrmals in der Woche klingelt bei mir das Telefon, und am anderen Ende ist ein hoch motivierter Bankangestellter mit einem »Top-Angebot«. Mit Einladungen zu diversen Events und persönlichen Beratungsterminen

Jede Generation lächelt über die Väter, lacht über die Großväter und bewundert die Urgroßväter.
Somerset Maugham

mit den attraktivsten Kundenberaterinnen versuchen die konkurrierenden Banken gerade, sich zu übertrumpfen und mich zu ködern. Da sind sie allerdings an den Falschen geraten. Wenn ich schon aufräume, dann richtig. Und so habe ich auch **meine Gier** entrümpelt.

Ich hänge an Menschen, nicht an Objekten. Zur Zeit verkaufe ich sämtliche Immobilien. Ich will keine Verbindlichkeiten mehr haben. Mein Geld lege ich ganz spießig als Monatsgeld an. Kein Papierkram, keine Gedanken darum, ob meine Lösung wirklich die Beste ist oder es nicht doch noch eine bessere gäbe. Schließlich ist die Beste ohnehin, das Geld zu teilen. Wenn ich das nicht täte, könnte ich auch nicht dafür werben, es mir gleichzutun. Ich entrümpele mein Netzwerk, meinen Alltag, meine Philosophie. »Simplify your life.[1]« Der Spruch stammt zwar nicht von mir, aber möglich wäre es.

Neben der materiellen Gier habe ich auch meine **Ungeduld** abgelegt. Ich lebe planvoll in den Tag hinein. Wenn ich Lust habe zu reisen, nehme ich meine meine Tasche, meine rote Mütze und meinen roten Rucksack und fahre zum Flughafen. Früher dachte ich, die Welt dreht sich nicht weiter,

Die Dinge haben nur den Wert, den man ihnen gibt.
Molière

wenn ich meinen Bürosessel verlasse. Aber irgendwann sollte man weise genug sein, um zu wissen, dass kein Riesenrad stoppt, nur weil ein einzelnes Rädchen sich grade nicht dreht.

Am Flughafen des Zielortes winke ich mir ein Taxi heran, lasse mich bis an den Stadtrand fahren und spaziere von dort aus in die City zurück. Ich *erlaufe*

---

[1] Titel eines »Lebensvereinfachungsratgebers«; W.T. Küstenmacher und L.J. Seiwert, Knaur

mir die Länder dieser Welt. Nur so, das ist meine Erfahrung, entdeckt man das wahre Leben, all die Schätze, die sonst im Verborgenen geblieben wären. Zu Hause lebe ich genauso. Statt dem Mainstream zu folgen, rate ich jedem, innezuhalten und zu überlegen, was er selber will. Zur eigenen Ruhe zu finden, ohne jemals die Neugierde auf die Welt zu verlieren, ist ein wichtiges Credo, um jung zu bleiben. Wenn so vieles vorgegeben scheint und man sich anzupassen hat, um Erfolg zu haben, ist es umso notwendiger, sich seine Nischen zu suchen, in denen man Individualität leben kann.

Zu viele Leute orientieren sich an der Masse. Ich übernehme aus der Physik: **Masse macht träge**. Jedes Leben braucht seine eigene Philosophie. Und wenn die Masse diese Eigenheit nicht als individuell, sondern als sonderbar und schräg ansieht, bedeutet das nicht, klein beizugeben, sondern Rückgrat und Durchhaltevermögen zu demonstrieren. Ich trage beispielsweise seit zwölf Jahren ausschließlich rote Schuhe. Anfangs belächelten mich einige Leute, inzwischen stört sich niemand mehr daran. Eher, wenn ein *anderer* mit roten Schuhen daherkommt: »Na, machste den Hunke nach?«

Ein alter Mann: ein Kind mit Vergangenheit.
Zarko Petan

Entrümpeln Sie Ihr Leben von all den falschen Idealen, Vorschriften, **Dogmen**, die sich im Laufe der Jahrzehnte angesammelt haben. Lassen Sie sich nicht länger leiten von Meinungen anderer, sondern entsorgen Sie alles, was Ihr »Ich« blockiert. Gehen Sie dabei Schritt für Schritt vor. Entrümpeln will gelernt sein, denn es bedeutet immer auch, Abschied zu

Entrümpeln will gelernt sein, denn es bedeutet immer auch, Abschied zu nehmen.

nehmen. Wer bereits Schwierigkeiten hat, die Zeitschriftenberge zu entsorgen, die ihm den Keller versperren, wird große Schwierigkeiten haben, sich von Menschen zu trennen, egal wie kräftezehrend der Kontakt auch sein mag. Fangen Sie tatsächlich mit den Zeitschriften an. Prüfen Sie Ihre Bücher- und CD-Sammlungen. Was passt davon nicht mehr zu Ihnen, was beachten Sie schon lange nicht mehr?

Verschenken Sie es!

Machen Sie das Gleiche mit Ihrer Garderobe. Was Sie länger als ein Jahr nicht getragen haben, wird verschenkt oder wandert in die Altkleidersammlung. Trainieren Sie das Abschied nehmen über diese einfachen Dinge und steigern Sie sich langsam. Es ist nicht wichtig, alles beim ersten Versuch zu schaffen. Wichtig ist es nur, am Ball zu bleiben. Wenn Sie sich sicher fühlen und spüren, wie sehr es erleichtert, Ballast abzuwerfen, greifen Sie zu Ihrem Adressbuch. Entrümpeln Sie es gründlich. Und den verbliebenen, wirklich wichtigen Einträgen können Sie in Zukunft Ihre volle Aufmerksamkeit schenken.

Einsamkeit macht krank

Die American Psychological Association (APA) veröffentlichte 2001 das Resultat einer Studie von Psychologen der Universität von Missouri, Columbia. Auf der Suche nach den zehn wichtigsten psychischen Bedürfnissen, deren Befriedigung zu Glück und Zufriedenheit führt, ermittelten die Forscher folgende Faktoren als Spitzenreiter:

> **Autonomie:** die Gewissheit, selbstbestimmt zu leben,

> **Kompetenz**: das Wissen darum, Dinge gut und effektiv zu erledigen.

> **Selbstwertgefühl** sowie

> **Verbundenheit mit anderen**: das Gefühl, Mitmenschen emotional nahe zu sein.

Einsamkeit macht unglücklich. Und Unglück macht alt und krank.

Wir brauchen einander zum Glücklichsein. Erst durch das Zusammensein mit anderen Menschen erfahren wir innere Ruhe und Zufriedenheit. Der Wunsch, Mitglied einer Gruppe, einer Gemeinschaft zu sein, liegt in der Natur des Säugetiers Mensch. Kaum eine Urangst ist stärker als die, isoliert zu sein. Ohne ein Gegenüber fehlt uns die Möglichkeit, Freude, Ängste, Hoffnungen mitzuteilen. Ohne ein Gegenüber fehlt uns jegliche Bestätigung, jegliche Chance, geliebt zu werden oder selbst Liebe zu empfinden. Einsamkeit macht unglücklich. Und Unglück macht alt und krank.

Dieses Schicksal abzuwenden ist denkbar einfach: **Man muss unter Leute**. Nicht darauf warten, dass sie einem die Türen einrennen, sondern selber aktiv werden. Also den Mantel geschnappt und raus aus den eigenen vier Wänden! Treffen Sie Freunde, verabreden Sie sich zum Bummel durch die Museen, initiieren Sie eine samstägliche Diskussionsrunde in Ihrem Lieblingscafé. Die Endorphine, die ein Nachmittag mit Freunden freisetzt, erreichen Sie allein vor der Glotze niemals!

Wie wertvoll diese Glückshormone auch für meine Gesundheit sind, ist mir bewusst, und daher überlasse ich ihre Ausschüttung nicht dem Zufall. Wer Menschen treffen will, muss sich verabreden, so einfach ist das. Ich erstelle mir regelmäßig eine Liste mit 30 bis 40 Personen, die mir wichtig sind, oder mit denen ich Wichtiges zu besprechen habe, und fixiere mit ihnen Termine für eine Zusammenkunft. Natürlich ist noch immer Platz für spontane Verabredungen, doch durch dieses System weiß ich teilweise Wochen im Voraus, wann ich mit wem esse, spaziere, plaudere. Das mag starr klingen, aber ich empfinde es als in höchstem Maße belebend. Denn ich kann mir sicher sein, mich nicht *einen* Tag zu langweilen, sondern Impulse zu empfangen, Impulse zu geben, informiert zu bleiben. Das ist mir wichtig und hält mich genauso fit wie mein Jogging, meine Massagen am Morgen, mein Optimismus und meine gesunde Ernährung.

Ich sehe so viele Negativbeispiele in meinem eigenen Freundes- und Bekanntenkreis. Menschen, die immer vor Energie und Lebenslust sprühten und sich nie dessen bewusst wurden, wie sehr ihr Beruf dafür verantwortlich war. Wie sehr sie sich darüber definierten, jeden Morgen ins Büro zu rennen, gebraucht zu werden, Kommunikation frei Haus serviert zu bekommen.

> Es ist nicht wenig Zeit, die wir zur Verfügung haben, sondern es ist viel Zeit, die wir nicht nutzen.
> *Lucius Annaeus Seneca*

Sie dachten, das würde immer so bleiben. Und die jetzt, da der Job und alles, was damit zusammen hing, Geschichte ist, nur noch einen Schatten ihrer Selbst darstellen. Die es nicht schaffen, das Leben in die eigenen Hände zu nehmen. Anstatt zum Telefon-

147

hörer zu greifen und sich zu verabreden, versinken sie in Selbstmitleid und bejammern, dass die Welt sie vergessen hat. Ich kenne für meinen Geschmack zu viele Menschen, die sogar darüber grübeln, worin überhaupt der Sinn des Weiterlebens besteht.

Diese Menschen tun mir leid. Nicht, weil sie sich in dieser üblen Lage befinden, sondern weil sie nicht frühzeitig erkannt haben, worauf alles hinausläuft. Intelligente, erfahrene Menschen, und doch ist jeder von ihnen sehenden Auges ins Verderben gerannt. »Ach Jürgen, bei dir ist ja alles so leicht.« Nein, bei euch ist nichts schwerer! Dieser Unterschied existiert ausschließlich in eurem Kopf. Mein Telefonhörer ist nicht leichter als eurer.

Wir hoffen immer auf den nächsten Tag. Wahrscheinlich erhofft sich der nächste Tag einiges von uns.
Ernst R. Hauschka

Wobei ich gleich die nächste Stolperfalle enttarne: Es ist auch mein Bestreben, technisch auf der Höhe der Zeit zu sein. Aber wenn man ausreichend Zeit hat und wirklich wertvolle soziale Beziehungen möchte, dann sollte man E-Mails oder gar SMS nur im Notfall einsetzen. In diesem Bereich ist das gute, alte, persönliche Gespräch durch nichts zu ersetzen. Das gilt ganz besonders, wenn eine ernstere Diskussion zu führen oder ein Streit aus der Welt zu schaffen ist.

Spätestens mit 60 sollte man fähig sein, Hürden in einer Liebes- oder freundschaftlichen Beziehung erwachsen zu meistern. Dabei gilt nicht mehr das Motto der Jugend: »Wer nervt, wird ausgetauscht«, sondern die **würdevolle Konfrontation**. Als 25-Jähriger reicht dafür vielleicht die Länge zwischen Bestellung und Essensausgabe in der Firmenkantine, als lebenserfahrener Mensch sollte man dem Ganzen einen entsprechenden Rahmen zuweisen. In der U-Bahn oder am Telefon bespricht man keine Fehden. Da ist alles Tiefergehende fehl am Platz. Wenn ich etwas zu besprechen habe, sei es mit »hohen Tieren« oder Menschen aus meinem privaten Kreis, lade ich sie gern zu einem Spaziergang an der Ostsee ein. Nach ein paar Stunden Konzentration auf das Gespräch und belebt vom frischen Meerwind sind meist alle Probleme aus der Welt.

Ich versuche immer, eine Einigung mit meinem Gegenüber zu finden. Allerdings nicht, wenn ich mich dabei komplett verbiegen müsste. Für gespielte Harmonie bin ich zu alt. Und – das allerdings schon immer – zu ehrlich. Ich überlege genau, wie ich mit meiner Lebenszeit umgehe. Bin ich beispielsweise mit einem Freund zum Essen verabredet und er ist zehn Minuten nach der vereinbarten Uhrzeit noch immer nicht im Restaurant, ohne sich gemeldet zu haben, fahre ich nach Hause. Die meisten sind dann ganz erschrocken, aber darum kann ich mich nicht kümmern. Ich kann und will meine Zeit einfach nicht mit Warten oder Nichtstun verbringen. Dafür steckt in mir zu viel Energie.

Für gespielte Harmonie bin ich zu alt. Ich überlege genau, wie ich mit meiner Lebenszeit umgehe.

Fazit

Nehmen Sie sich Zeit, um in Ruhe zu Ihren Entscheidungen zu gelangen.

➢ Trennen Sie sich von allem, was Sie belastet.

➢ Pflegen Sie Ihre Freundschaften. Gehen Sie Spaß ebenso wenig aus dem Weg wie Konflikten.

➢ Spannen Sie ein großes soziales Netz. Ergreifen Sie die Initiative und verabreden sich. Planen Sie die Treffen längere Zeit im Voraus.

➢ Genießen Sie die Sicherheit, zu wissen, dass auch im nächsten Vierteljahr keine Langeweile aufkommen wird und Sie mittendrin im Leben sind statt außen vor.

Der Abend des Lebens bringt seine Lampe mit.

Joseph Joubert

Kapitel 7

Für morgen handeln

Butter aufs Brot

Die kriegserfahrene Generation unserer Eltern oder Großeltern war zufrieden, wenn sie im Rentenalter immer eine dicke Schicht Butter auf dem Brot hatte.

Die Kritik an anderen hat noch keinem die eigene Leistung erspart.
Noel Coward

Da sind wir Nachfolgenden anders. Wir haben Notzeiten nicht oder nur als kleines Kind erlebt, das Niveau unserer Ansprüche ist viel höher. Die Gesellschaft, in der wir unsere Rente erleben, ist geprägt von Wohlstand, Überfluss und Konsum. Vor uns liegt ein riesiger Baukasten aus Angeboten, aus denen wir uns unsere individuelle Rentenzeit zusammensetzen können. Wer jetzt die Beine auf dem Kreuzfahrtschiff hochlegen will, muss eine andere finanzielle Vorsorge betreiben als der, der sich freut, nun in seine Kleingartenparzelle zu ziehen und Rosen zu züchten. Mehr Output zu verlangen heißt, mehr Input erbringen zu müssen.

Rentner zu sein bedeutet, mehr Zeit gegen weniger Geld zu tauschen.

Rentner zu sein bedeutet, mehr Zeit gegen weniger Geld zu tauschen. Wem diese Rechnung nicht gefällt, muss sich rechtzeitig darum kümmern, seine Versorgungslücke auszugleichen. Das gilt besonders für unsere Kinder und Enkel. Wir können ihnen kaum ein größeres Geschenk machen, als sie rechtzeitig darüber aufzuklären.

Die Zeiten haben sich geändert. Früher schenkten die Taufpaten das Sparbuch, das eines Tages das Mofa finanzieren sollte, heute legt man die Police für die Rentenversicherung in die Wiege.

Als junger Mensch ist man abhängig von der Versorgung durch Erwachsene. Viele haben ein finanzielles Auffangnetz für Notfälle, sei es die monatliche Unterstützung der Eltern, das Bafög vom Staat oder der regelmäßige Fünfziger von Oma. Diese Finanzspritzen fallen im Alter weg. Plötzlich ist man sogar selber der Vater oder Opa und wird in der Spielzeugabteilung mit großen Augen angeschaut.

Suchst du eine helfende Hand, so findest du sie am Ende deines Armes.
Anonym

Der einstige »Notgroschen« Erbschaft ist ebenfalls keine Option mehr. Das sollte man besser gar nicht in seine Vorsorgeplanungen einberechnen. Dank der gestiegenen Lebenserwartung leben mehrere Generationen gleichzeitig. Bevor ein Erbe angetreten werden kann, gehört man längst selber schon zum alten Eisen. Das klassische Vererben des kompletten Vermögens ist meiner Meinung nach ohnehin nicht mehr zeitgemäß. Ich selbst habe gerade mein Testament noch einmal überarbeitet. Ich hinterlasse keine klassischen Einmalsummen, sondern monatliche Renten. So weiß ich meine Lieben ein Leben lang abgesichert. Und ganz nebenbei rufe mich auch nach meinem Tode jeden Monat in Erinnerung, das ist doch auch nichts Übles.

Wissen Sie eigentlich, wie viel Geld Ihnen als Rentner zur Verfügung stehen wird? Nicht in etwa, sondern ganz genau? Falls Sie die Zahl nicht sofort hinausposaunen können (womit Sie sich der Mehrheit der Deutschen anschließen), nehmen Sie bitte ein Stück Papier und einen Stift und rechnen Sie nach. Erstellen Sie zunächst Ihre ganz persönliche Ausga-

Wie viel Geld genau werden Sie als Rentner haben?

ben-Liste, gemäß dem Lebensstandard, den sie aktuell haben. Ihre Miete, Nebenkosten, die Versicherungen, Geld für Lebensmittel, Tankfüllungen, Geschenke, Kleidung, Urlaube, Freizeitvergnügen. So viel Geld brauchen Sie also, um Ihren Lebensstandard zu *halten*.

Jetzt notieren Sie bitte, was Sie monatlich zur Verfügung haben werden, sobald Sie in Rente gehen. Denken Sie auch daran, dass Sie mehr Geld für Arzneimittel oder Gesundheitserhalt ausgeben müssen. Und natürlich daran, dass die Kosten in allen Bereichen steigen werden, die Mieten, die Lebensmittelpreise ...

Und? Was ergibt Ihre Rechnung? Eine rosige Zukunft? Dann gratuliere ich Ihnen. Allen anderen sei gesagt, dass dies keine pessimistische Einschätzung ist, sondern eine *realistische*. Sie haben nun die Wahl: Passiv bleiben hieße, sich im Alter gewaltig einzuschränken. In eine kleinere Wohnung zu ziehen, die Mitgliedschaft im Golfclub zu kündigen, Restaurantbesuche mit Freunden abzulehnen und stattdessen nur noch in die eigenen vier Wände einzuladen. Unter den Weihnachtsbaum kommt Selbstgebasteltes und ein mit heruntergezogenen Mundwinkeln hervorgepresstes »Ihr wisst ja, ich kann euch leider nichts kaufen«. Ich kenne einige, die es derart eiskalt erwischt hat.

> **Sinn des Lebens: Etwas, das keiner genau weiß. Jedenfalls hat es wenig Sinn, der reichste Mann auf dem Friedhof zu sein.**
> *Sir Peter Ustinov*

Alternativ können Sie die Warnsignale natürlich auch ernst nehmen und aktiv werden.

Geld ist der Dreh- und Angelpunkt unserer Kultur. Wer es schafft, auf materiell niedrigstem Niveau dauerhaft Zufriedenheit zu empfinden, hat meine höchste Achtung und kann sich um andere Dinge kümmern als seine diesbezügliche Vorsorge. Doch das trifft wohl auf die wenigsten zu. Wenn ich zum Glücklichsein dagegen meinen regelmäßigen Sonntagsbrunch mit Freunden und ein bis zwei Jahresurlaube brauche, muss ich handeln. Jetzt sofort.

In einem Internetblog fand ich vor kurzem folgendes: »Ich glaube, es gibt nur zwei Arten von Menschen, die richtig frei sind: Die einen, die so arm sind, dass sie nichts zu verlieren haben und alles, was sie besitzen, mit sich führen. Und die anderen, die so reich sind, dass sie ihre eigenen Gesetze machen können und niemandem untertan sind – wenn sie es schaffen, sich vom Zwang des Geldes an sich freizumachen.«

Geld ist geprägte Freiheit.
Fjodor Dostojewski

Ich ergänze um eine dritte Gruppe: Die, die sich dank ausreichender Vorsorge im Alter all den schönen Dingen des Lebens widmen können, weil ihnen das Thema Geld keinerlei Gedankenzeit mehr raubt.

Wenn Sie nicht hundertprozentig sicher sein können, keinerlei **Finanzlöcher** befürchten zu müssen, packen Sie noch heute Ihre Unterlagen zusammen und gehen damit zu Ihrer Bank. Und dann zu einer weiteren oder einem unabhängigen Finanzdienstleiter. Lassen Sie sich umfassend beraten, wie Sie noch etwas ansparen können. Egal, ob Sie 30 sind oder der 60. Geburtstag kurz bevorsteht. Die Vorsorgepläne werden sich dann stark unterscheiden, aber **zu spät ist es nie**. Vielleicht müssen Sie als Älterer einen ungewohnten Mehraufwand leisten. Vielleicht wäre über eine weitere Einnahmequelle nachzudenken, deren Erlöse direkt in den Rententopf wandern?

In diesem Punkt sollten wir uns ein Beispiel an den Bürgern der USA nehmen. Der durchschnittliche Amerikaner hat nicht einen Job, sondern oft mehrere gleichzeitig. Ohne darüber zu stöhnen, sondern weil er eine Vision hat und gewillt ist, sich dafür einzusetzen. Natürlich liegt die Wurzel dieser Multijobber nicht nur in dem Wunsch nach Altersvorsorge, sondern auch an den Mängeln des sozialen Systems, aber dennoch zahlt es sich aus. Für viele Amerikaner ist das Paradies nicht erst im Jenseits, sondern beginnt am ersten Tag der Rente. Dann werden die Koffer gepackt und ab geht's in den Flieger nach Florida. Ins Warme, wo die Knochen nicht mehr so schmerzen, sondern Martha und John bereits mit den Bingo-Losen warten. Die Wohnungen sind seniorenfreundlich, die ganze Nachbarschaft im gleichen Alter. Lebensabend im Feriencamp. Dafür verkauft man nach dem Bürojob gerne noch ein paar Burger.

> *Die Ewigkeit dauert lange, besonders gegen Ende.*
> *Woody Allen*

Wohnen

Das Thema Wohnen wird Sie zu Beginn Ihrer Rente wahrscheinlich noch nicht sehr beschäftigen. Vielleicht auch später nie. Es könnte aber sein, dass es einen Punkt gibt, an dem Sie von jetzt auf gleich gezwungen werden, darüber nachzudenken oder Ihre Kinder für Sie zu entscheiden haben.

So sehr ich meine Kinder liebe und Ihnen vertraue, die großen Entscheidungen meines Lebens möchte ich aus eigenem Willen fällen. Da niemand eines Tages an meine Haustür klopfen soll und sagen: »Du kannst deine Angelegenheiten nicht mehr allein regeln, das machen nun andere für dich«, sorge ich lieber rechtzeitig vor. Alle Niederschriften darüber, was ich im Falle einer krankheits- oder unfallbedingten **Handlungsunfähigkeit** möchte oder strikt ablehne, liegen sicher bei meinem Notar. Das betrifft nicht nur das Thema »lebensverlängernde Maßnahmen« und die schon erwähnte Patientenverfügung, sondern auch, wo und wie ich wohnen möchte, so ich eines Tages nicht mehr in der Lage sein sollte, mich allein in meinen eigenen vier Wänden zu versorgen. Niemals möchte ich in einem dieser unwürdigen deutschen Pflegeheime unterkommen müssen.

> Keine Sorge! Das Altern hat irgendwann ein Ende.
> *Alexander Eilers*

Für mich gibt es keine denkbare Alternative außer meinem eigenen Haus. Und wenn ich mich nicht mehr allein versorgen kann, muss ich eben rechtzeitig alles organisieren, was benötigt wird, damit ich dort bleiben kann. Die Chancen, dass dieser Fall nie wahr wird, stehen allerdings gar nicht so schlecht. 98 Prozent aller Bundesbürger zwischen 60 und 70 sind weder pflegebedürftig, noch leben sie in Heimen. Bei den 70- bis 80-Jährigen sind es noch 89 Prozent, und in der

> Wie sehr wir uns auch entwickeln, wenn es ums Altwerden geht, sind wir immer Anfänger.
> *Kurt Haberstich*

Altersgruppe bis 90 immerhin noch 71 Prozent. Danach sinkt die Zahl rasch, aber das bereitet mir weder Angst noch schlaflose Nächte. Ich habe ja vorgesorgt.

Eine schöne Möglichkeit für das Wohnen im Alter – lange vor der Pflegebedürftigkeit – sind **Mehrgenerationenhäuser**, also Wohnanlagen, die auf das Zusammenleben aller Altersgruppen zugeschnitten sind. Alternativ kommen Wohngemeinschaften zumeist befreundeter, älterer Paare in Mode.

Schwerhörigkeit: der sicherste Weg zu altersweiser Nächstenliebe.
Karl Heinz Karius

Man wohnt für sich, aber nicht einsam. Der Vorteil ist, dass dort Menschen leben, die sich **bewusst** für diese Form des Zusammenlebens entschieden haben. Niemand braucht zu zweifeln, ob man mit seinen Siebensachen lediglich geduldet ist, weil es der Anstand verbietet, »Papa ins Heim abzuschieben«. Abgesehen davon, dass das romantische Bild von mehreren Generationen einer Familie unter einem Dach fast nur noch im Film existiert. Mama Miracoli, die abends für die ganze Familie in der Riesenküche Spaghetti kocht und den Enkeln danach im Ohrensessel Geschichten aus der guten, alten Zeit erzählt, ist selbst in vermeintlich familienfreundlichen Ländern wie Italien Geschichte.

Diese Art der sozialen Absicherung ist von gestern. In der globalisierten Welt von heute wohnt Opa in Hamburg und die Kinder für unbestimmte Zeit in Chicago, während die Enkel im süddeutschen Internat ihr Abitur machen. Und Weihnachten ist endlich wieder das Fest der Liebe, weil dann alle, die einem am Herzen liegen und die man sonst kaum zu Gesicht bekommt, zusammen vor dem Tannenbaum sitzen.

Glauben Sie mir, es kostet Sie nur etwas Zeit und ein paar Euro für den Notar, aber es erspart Ihnen viele Nerven und schlaflose Nächte, dieses Thema vom Tisch zu haben.

Freizeitbeschäftigungen

Es gibt immer Dinge, die wir nicht beeinflussen können, aber das Meiste haben wir in der Hand. Ich könnte morgen aufhören, wissbegierig zu sein, zu lesen, zu reisen, Freunde zu treffen und stattdessen meine Tage zwischen Küche und Fernsehsessel verbringen. Vor dem Frühstück schlurfe ich zum immer gleichen Bäcker, hole mir das immer gleiche Brötchen und die Tageszeitung, die der Masse die immer gleiche Meinung einflößt. Ich glaube nicht, dass ich dann in einem Jahr noch so lebenslustig und geistig rege wäre.

Ganz sicher nicht! Gedanken sind beeinflussbar. Wenn ich meinen Kopf ständig nur mit Einheitsbrei und Negativmeldungen füttere, bin ich bald ebenso trübsinnig wie das, was mir das Nachmittagsprogramm der Privatsender serviert. Um sich eine gesunde Wahrnehmung der Welt zu bewahren, muss man raus. Unter Leute, Kultur erleben, Impulse erhalten, neugierig bleiben.

Um sich eine gesunde Wahrnehmung der Welt zu bewahren, muss man unter Leute, Impulse erhalten, neugierig bleiben.

Die meisten Menschen haben nur eine schwammige Vorstellung vom Alter. Die Standardbeschreibung lautet: »Dann will ich viel reisen und habe endlich

Niemand wird über Nacht ein anderer Mensch, nur weil er nicht mehr arbeiten gehen muss.

Zeit für meine Hobbys.« Aber: Die meisten dieser Menschen *haben* gar keine Hobbys. Und das wird sich auch nicht plötzlich ändern, nur weil sie Rentner geworden sind. Niemand wird über Nacht ein ganz anderer Mensch, nur weil er nicht mehr arbeiten gehen muss. Bei den meisten bedeutet es eher, eine ganz neue Form der **Disziplin** entwickeln zu müssen, weil man nicht mehr gezwungen ist, täglich in irgendeiner Form aktiv zu sein. Das ist die heikle Phase. Wer diese Aufgabe nicht bewältigt, fällt in die Depression. Warum überhaupt morgens aufstehen, wenn mich ja doch niemand irgendwo erwartet? Liegen zu bleiben hat keinerlei Konsequenzen und ist herrlich bequem.

Und der Anfang vom Ende.

Mitten im Leben sind wir vom Tod umfangen.
Aus einem mittelalterlichen Kirchenlied

Wenn der äußere Antrieb zum morgendlichen Aufstehen nicht mehr vorhanden ist, muss man sich einen inneren Antrieb schaffen. Jeder Mensch braucht einen Grund, weiterzumachen. Wir wollen immer einen Sinn und fragen wie ein kleines Kind: »Warum?« Und wie das kleine Kind geben wir uns nicht zufrieden, wenn keine Antwort folgt. Es schadet nicht, den Vergleich weiterzudenken. Wenn wir keine Antwort bekommen, sollten wir uns daran orientieren, was das Kind machen würde: Es lenkt seine Aufmerksamkeit auf etwas Neues. **Ablenkung** ist der Schlüssel.

Falls Sie noch keinen Wochenkalender haben, sollten Sie sich schleunigst einen zulegen. Planen Sie jeweils am Wochenende, womit Sie die kommende Woche verbringen werden. Egal, ob Sie schon in Rente sind oder noch nicht. Falls Sie diese Phase Ihres Lebens noch vor sich haben, können Sie das Planen ruhig schon trainieren. Überlegen Sie, womit Sie Ihre Woche füllen würden, wenn Sie nicht eine einzige Stunde lang mehr zur Arbeit gehen müssten. Endlich Zeit, in Ruhe nach einer neuen Uhr zu schauen? Endlich die Unterlagen für die Steuer herauszusuchen? Die Freunde zu treffen, die schon seit Wochen anfragen und denen man immer absagen musste? Mal wieder bei den Kindern vorbeischauen?

Gut, jetzt haben Sie schon eine Woche gefüllt. Was machen Sie mit den restlichen 51 des Jahres?

Setzen Sie sich **Ziele**. Wer Ziele hat, verfällt nicht in Langeweile und Resignation. Ein Ziel ist wie ein Sicherheitsnetz, in das Sie sich fallen lassen können, wenn alle Stränge reißen. Ihr Ziel könnte beispielsweise lauten, einen Stammbaum der Familie zu erstellen. Betreiben Sie Ahnenforschung und setzen Sie sich eine Jahreszahl, bis zu der Sie die Geschichte Ihrer Familie mindestens zurückverfolgen und dokumentieren wollen.

Wer Ziele hat, verfällt nicht in Langeweile und Resignation.

Wann immer nun ein Moment eintreten sollte, an dem depressive Gedanken eine Chance hätten, weil es draußen stürmt, niemand Zeit für Sie hat und Sie alle Bücher in Ihrem Regal bereits kennen, haben Sie nun Ihr Sicherheitsnetz. Wenn nichts zu tun ist, wissen Sie, was zu tun ist! Fahren Sie Ihren PC hoch und forschen weiter nach Ihren Ahnen.

Junge Menschen wissen oft nicht, was sie tun, alte nicht, was sie tun sollen.
Dr. phil. Ernst Reinhardt

Ansonsten setzen Sie auf **Kommunikation**! Unternehmen Sie Dinge, die Sie mit anderen Menschen zusammenbringen. Soziale Kontakte sind für mich so wichtig wie Essen und Trinken. Bevor ich mich allein vor den Fernseher hocke, gehe ich lieber zu einem Bibelleseabend meiner Gemeinde.

Alt werden, nicht jung bleiben!
Samen bilden, nicht in der Blüte verharren!
Bernhard Martin

Bauen Sie sich ihr eigenes **Freizeitnetzwerk**. Dazu gehören Treffen mit Freunden, Sportkurse, Angebote der Volkshochschulen oder anderen Erwachsenenbildungsstätten, Musikunterricht, ein regelmäßiges Unterstützen der eigenen Familie. Setzen Sie eher auf feste Termine, auf Langfristigkeit. »Jeden Mittwochnachmittag« mit den Enkelkindern zu verbringen, gibt Ihrem Alltag mehr Struktur und Sicherheit, als »beizeiten« bei den Kindern vorbeizuschauen. Kümmern Sie sich um ein oder mehrere Ehrenämter. Hören Sie sich um in Ihrer Stadt oder Ihrem Bekanntenkreis: Wo werden Sie gebraucht? Wo könnten Sie sich engagieren?

Die Rente ist kein Ende, sondern ein neuer Start.

Der Eintritt in die Rente ist kein Ende, sondern ein **Anfang**. Der Anfang eines großen Abenteuers. Alles ist **noch einmal** möglich. Wer sein Leben lang nur einmal am Tag mit dem Hund raus kam, kann als 60-Jähriger noch seine Marathon-Premiere planen. Wer bestimmt, welches Ziel realistisch ist und welches nicht? Nur man selber! Natürlich gibt es auch unsinnige Ziele. Sich mit Rheuma in beiden Beinen für den Marathon anzumelden, ist absurd. Alter jedoch ist keine Grenze. Ich bin mit 60 den New York Marathon gelaufen. Leider bin ich tatsächlich bis zum Ziel gerannt. Das war zu viel des Ehrgeizes. Ein paar Kilometer weniger hätten auch gereicht. Aber: Ich habe es geschafft.

Meine Zeit lassen wir lieber unerwähnt, aber darum ging es mir auch nicht. Ich habe mir die ganze Strecke über immer wieder kleine Ziele gesetzt: ›Ich lauf bis zur nächsten Ampel. Dann bis zu der hübschen Blonden dort. Jetzt bis zum nächsten Getränkestand.‹ Und so ging es immer weiter.

Ich fühle mich nicht alt, weil ich so viele Jahre hinter mir habe, sondern weil nur noch so wenige vor mir liegen.
Ephraim Kishon

Ich formuliere meine Ziele in regelmäßigen Abständen und notiere sie handschriftlich in einem großen Buch. So kann ich immer wieder kontrollieren, ob ich noch auf dem richtigen Weg bin. Das sind längst nicht mehr egogesteuerte Ziele wie »ich will mehr Geld verdienen« oder »ich kaufe mir ein neues Auto«, sondern Sinngefülltes wie »ich werde vier Wochen nichts Negatives über andere Menschen sagen« oder »ich bringe meinen Enkeln etwas Neues bei«.

Mit Struktur zur Umsetzung

Sprechen Sie mit Freunden, mit Kollegen, mit älteren Bekannten. Reden Sie mit denen, die sich bereits in dieser Lebensphase befinden. Das dritte Drittel ist nun mal kein Spielfeld, auf dem man noch aus Fehlern lernen sollte. Diese Phase sollte fehlerfrei vorbereitet werden, daher ist das Hinhören bei den Erfahrenen oft hilfreich. Wie kann man sich am besten vorbereiten? Wo sind die Stolperfallen?

Wichtig ist, sich Strukturen zu erhalten. Mein Tag startet heute noch genauso wie damals, als ich voll im Berufsleben stand. Ich stehe um halb sechs auf, bekomme meine Massage, treibe Sport, gehe in die Sauna und ins Dampfbad, trinke danach in Ruhe meinen Kaffee und lese dabei Zeitung. Ich liebe die frühen Stunden des Tages. Diese Stille, die Klarheit der Natur, die unglaublichen Farben. Diese Energie nehme ich in mir auf. Dann schaue ich in meinen Kalender und strukturiere meinen Tag.

Jahre runzeln die Haut, aber den Enthusiasmus aufgeben runzelt die Seele.
Albert Schweitzer

Strukturen sind für mich ebenso unabdingbar, wie mindestens einmal in der Woche innezuhalten und die letzten Tage Revue passieren zu lassen. Vielleicht in einem Gespräch mit der Partnerin oder einem Freund. Oder einfach mit einem Glas Rotwein in der Badewanne. Ein fester Rhythmus gibt Sicherheit. Und wenn dieser plötzlich nicht mehr von einem Kunden oder vor dem Konferenzraum wartenden Geschäftspartnern vorgegeben ist, ist es an der Zeit, selbst aktiv zu werden. Es ist wie mit dem Jogging: Die ersten paar Male muss man sich aufraffen, aber wenn es zur Gewohnheit geworden ist, läuft es wie von selbst. Sobald man spürt, wie gut etwas tut, erledigt es sich ohne große Mühe. Sobald ich Sport gemacht habe, bin ich besser drauf. Ich atme besser, ich denke klarer, ich reagiere schneller.

Sobald man spürt, wie gut etwas tut, erledigt es sich ohne große Mühe.

Notieren Sie, wobei Sie sich gut fühlen. Welche Rahmenbedingungen Sie brauchen, um ausgeglichen zu sein. Vergessen Sie lose Zettel. Auch Post-its sind keinen Deut besser. Die eine Hälfte verschwindet, die andere bleibt vergessen irgendwo kleben. Formulierte Ziele, in Worte gefasste Glücksmomente darf man nicht verlieren.

»Gedanken sind wertvoll. Geh nicht leichtfertig mit ihnen um, sondern sichere sie an einem schönen Ort.« Diesen Rat bekam ich von einem chinesischen Freund. Dieser Ort sind meine handgeschriebenen **Bücher**. In das erste Drittel eines Buches kommen meine persönlichen Wünsche und Ziele, in das nächste wichtige Gedanken zu meinen Lieben, in das letzte Drittel notiere ich geschäftliche Ideen und Vorhaben. So geht nichts verloren.

Es ist ein Merkmal gesetzten Alters, wenn man von zwei Versuchungen jene wählt, die es erlaubt, um neun Uhr wieder zu Hause zu sein.
Ronald Reagan

Anfangs habe ich natürlich nicht alles immer gleich niedergeschrieben. Und mich dann wahnsinnig über mich selbst geärgert, wenn ich endlich das Buch in der Hand hatte, mein Einfall jedoch auf Nimmerwiederdenken verflogen war. Darum habe ich inzwischen nicht nur *ein* Buch, sondern mehrere. Eines liegt im Auto, eines auf meinem Nachttisch, eines im Büro, eines habe ich immer in der Tasche. Bevor eine Sache zur Gewohnheit wird, muss man ihrer gewohnt werden. Machen Sie es mir nach. Jeden Monatsersten nehmen Sie sich dann Ihr Buch oder Ihre Bücher zur Hand und überprüfen, ob Sie ausreichend an der Umsetzung Ihres Notierten gewirkt haben. Daraus werden dann die nächsten Schritte entwickelt und – wichtig! – ebenfalls schriftlich festgehalten.

Bevor eine Sache zur Gewohnheit wird, muss man ihrer gewohnt werden.

Für Disziplin wird man immer belohnt.

Für Disziplin wird man immer belohnt. Und wenn die Belohnung wider Erwarten einmal ausbleiben sollte, belohnt man sich einfach selber!

Wenn ich früher einen lukrativen Vertrag abgeschlossen habe, habe ich mich immer belohnt. Mir haben es teure Uhren angetan. Nach einem besonders erfolgreichen Geschäftsabschluss in Zürich bin ich dort in die Innenstadt gefahren und von Uhrmacher zu Uhrmacher gelaufen, mit dem festen Vorsatz, mir ein wirklich feines, mechanisches Schmankerl zu gönnen. In der Schweiz mangelt es eigentlich nicht an herrlichen Chronometern, ich aber lief von Geschäft zu Geschäft und fand keine Uhr, die mir gefiel. Meine Güte, war ich frustriert: Es kann doch nicht sein, dass ich einen Millionendeal abschließe, aber keine Armbanduhr nach meinem Geschmack finde! Entnervt verließ ich den irritierten Juwelier.

Wieder an der frischen Luft sah ich etwas, was mir als Belohnung für mein gutes Geschäft gerade gut genug erschien: Currywurst! Ich tat, was ich sonst eher nicht mache: Ich kaufte mir zwei heiße, krosse, würzig duftende, fetttriefende Currywürste. Die besten Currywürste meines Lebens, jeder Bissen ein Hochgefühl. Als ich

Je älter man wird, desto mehr ähnelt die Geburtstagstorte einem Fackelzug.
Katharine Hepburn

den Pappteller in den Mülleimer warf, wusste ich: Ich sollte keine Uhr finden, dafür aber die Einsicht, dass Glück nichts mit Geld oder Erfolg zu tun hat. Eine Currywurst für zwei Euro kann glücklicher machen als jeder Klunker dieser Welt.

Darum geht es im Leben: Sich frei zu machen von möglichst vielen Idealen, Konventionen, Vorurteilen. Unter all diesem gesellschaftlichen und anerzogenen **Ballast** sich selbst zu finden und diesen Kern freizuschaufeln. Immer wieder nachzuprüfen, ob der wahre Kern noch frei liegt, um sich notfalls ein weiteres Mal zu »entrümpeln«.

Wohlstand frisst Werte.

Das Motto meines Vaters, der mit 88 Jahren starb, war stets: »Junge, geh niemals mit Schulden ins neue Jahr.« Ich erweitere es: Papa, ich gehe nicht mal mit Schulden in den nächsten *Tag*. Das gilt für Verbindlichkeiten jeder Art, finanzieller wie moralischer. Dafür habe ich mir mein ganz eigenes **System** geschaffen: Um meinen Schreibtisch herum sind 40 Schubladen aus Plexiglas, eine Sonderanfertigung nach meinen Vorgaben. In jeder dieser Schubladen liegen Schriftverkehr und weitere Unterlagen zu jeweils einem bestimmten Projekt. In der einen Schublade liegen ausschließlich Unterlagen zum Thema HSV. In der nächsten alles, was meine Immobilie in X betrifft. In der nächsten der Schriftverkehr zu meiner Immobilie in Y. In einer weiteren private Post. Zwei Drittel dieser Schubladen betreffen Vorgänge des laufenden Jahres, der Rest Projekte, die länger zurückliegen.

Die wichtigsten drei Schubladen sind direkt an meinem Tisch:

Meine Empfehlung: 3 Schubladen

➤ In einer liegt alles, was noch **an diesem Tag** erledigt werden muss.

➤ In der zweiten alles, was ich **bis Ende der Woche** beantwortet haben sollte,

> ➢ und in der dritten alles, was **innerhalb des nächsten Vierteljahres** zu bearbeiten ist.

Und ich verlasse mein Büro niemals am Abend, ohne die Tagesschublade vollständig geleert zu haben. Das ist ein wichtiger Teil meiner selbst organisierten Freiheit. Ich gehe ohne Altlasten ins Bett und starte ebenso unbelastet in jeden neuen Tag.

Ein weiterer Vorteil meines Schubladensystems: Ich bin **vorbereitet**. Sobald mich jemand anruft und die Nummer auf dem Display den Anrufer erkennen lässt, gehe ich zu der betreffenden Schublade und lege mir die Unterlagen auf den Tisch. Ich muss niemals in Aktenordnern herumwühlen oder bei Fragen zu einem Thema passen. So bleibe ich stets im aktiven Modus. Das gibt Sicherheit und erspart Zeit und Stress. Es ist ein befreiendes Gefühl, am Abend zu wissen, dass nichts unerledigt geblieben ist. Das ist mein **tägliches Entrümpeln**. Mit dieser Regel habe ich mehr vom Leben, davon bin ich überzeugt. Mit Disziplin zu leben heißt, sich Lebensqualität zu schaffen.

Ab einem gewissen Alter tut auch die Freude weh.
Charlie Chaplin

Dann soll man mich gerne Spießer nennen!

Ein guter Freund von mir belächelt mich oft für meine selbst auferlegten Strukturen. Disziplin ist für ihn Spießertum. Wenn sein Chaos allerdings die Alternative ist, nehme ich den »Spießer« gerne auf mich. Wenn wir uns verabreden, kommt er grundsätzlich zu spät. Jedes Mal, bevor wir sein Haus verlassen, sucht er minutenlang den Schlüssel. Fahren wir Taxi, lässt er in drei von zehn Fällen sein Handy im Wagen liegen und wir verbringen den halben

Abend damit, den Wagen ausfindig zu machen, um wieder an sein Mobiltelefon zu kommen. Diese Sachen passieren ihm regelmäßig, und trotzdem ist er jedes Mal aufs Neue völlig aufgelöst und kurz vorm Infarkt.

Vielleicht ist ein fester Platz für den Schlüsselbund spießig, und vielleicht ist es ein durchgeplanter Tag ebenso, aber beides ist auf alle Fälle gesünder! Jeden Tag mehrfach seine Sachen zusammensuchen zu müssen, ist für mich **vergeudete Lebenszeit**. Es wäre doch mal spannend hochzurechnen, wie lange dieser Mensch in seinem über 60-jährigen Leben mit dem Suchen nach Dingen verbracht hat. Wochen? Monate? Vermutlich habe ich diese Zeit genutzt, um Geld zu verdienen oder Urlaub zu machen.

Man muss nichts übertreiben, aber ein gesundes Maß an Ordnung, Disziplin und Ritualen bringt nicht nur Entspanntheit und Glück, sondern auch bares Geld. Wenn ich sehe, wie viel Chaos mein Freund auch in seinem beruflichen Leben an den Tag gelegt hat und wie viele Chancen er dadurch nicht wahrnehmen konnte, kann ich nur den Kopf schütteln. Es kostet weder Geld noch Zeit, strukturierter zu sein. Es kostet lediglich Überwindung.

Es kostet weder Geld noch Zeit, strukturierter zu sein. Es kostet lediglich Überwindung.

Fazit

➢ Sind Sie nicht sicher, ob Sie mit Ihrem Geld im Alter auskommen? Handeln Sie! Nehmen Sie die Beratung eines Finanzexperten in Anspruch. Stocken Sie Ihre Vorsorge auf. Ein Nebenjob kann helfen, das Ziel schneller zu erreichen.

➢ Erstellen Sie eine Patientenverfügung. Verfassen Sie das Testament, das zu Ihnen passt. Überlassen Sie Ihren Erben keine offenen Fragen.

➢ Befragen Sie sich, wie Sie im Alter wohnen möchten. Erkundigen Sie sich nach den Alternativen und treffen eine Wahl.

➢ Schaffen Sie sich ein stabiles Netzwerk aus sozialen Kontakten, Terminen und Aufgaben.

Egal, welches Alter man auch hat,
man ist doch immer für irgendetwas
zu jung oder zu alt.

Erhard Blanck

Kapitel 8

Epilog: Pro Alter

Pro-Aging

Die sieben Punkte der Lebensformel

In seinem Buch »Die Lebensformel« hat der österreichische Journalist Bert Ehgartner die Erfolgsfaktoren für ein gesundes, glückliches Alter beschrieben. Er wertete wissenschaftliche Untersuchungen aus, die sich mit der Frage befassten, was gesunde, zufriedene alte Menschen von kranken oder früh verstorbenen unterscheidet. Sieben Einflüsse macht der Autor verantwortlich:

➢ Zufriedene alte Menschen leben in einer stabilen Partnerschaft.

➢ Sie sind Nichtraucher und trinken Alkohol in Maßen.

➢ Sie bewegen sich gern und haben kein Übergewicht.

➢ Zufriedene Alte führen ein aktives Sozial- und Familienleben

➢ und sind materiell abgesichert.

➢ Sie nehmen wenig oder gar keine Medikamente

➢ und sind intellektuell neugierig geblieben.

Genauso sehe ich mich. Ich bin nun über 60 Jahre alt. Ich kann jeden Tag aufs Neue genießen. Ich habe mein ganzes Leben lang das vorbereitet, wovon ich jetzt zehre. Ich habe keine Schulden, keine Altlasten. Ich habe mein ganzes Leben gut und gerne gelebt, aber ich war dabei immer **konsequent**. Und ich habe mir neue Aufgaben gegeben.

Unserer Gesellschaft und damit jedem Menschen, ob jung oder alt, ist eine Aufgabe aufgetragen, die mehr und mehr an Gewicht erhält: Sinn und Wert des Alters neu zu entdecken, die Qualität jeder Lebensphase schätzen zu lernen, das Alter anzunehmen und nicht zu verdrängen. Es darf nicht länger um »Anti-Aging« gehen. Damit mindern wir den Wert der Alten. Das Ziel muss lauten: Pro-Aging!

Es darf nicht länger um »Anti-Aging« gehen. Damit mindern wir den Wert der Alten. Das Ziel muss lauten: Pro-Aging!

Die Voraussetzungen dafür sind vielleicht gar nicht so schlecht. Die Berliner Altersstudie, eine Untersuchung des Max-Planck-Instituts über das Leben alter Menschen, widerlegt viele Vorurteile über das Alter. Alte Menschen zeichnen sich danach nicht vornehmlich durch Schnaufen und Tüdeligkeit aus. Vielmehr sind die meisten Senioren mit sich und ihrem Leben zufrieden. Notorische Nörgler sind eher selten. Zwei Drittel der Alten fühlen sich gesund – und sie fühlen sich gesünder als ihre Altersgenossen. Mehr als zwei Drittel geben an, dass sie sich selbstständig und unabhängig fühlen. Und:

90 Prozent der Senioren haben noch handfeste Lebensziele.

Ich wünsche mir, dass sie alle ihre Lebensziel erreichen.

Jürgen Hunke im Internet

www.guten-morgen-hamburg.de
Hier erfahren Sie mehr über Jürgen Hunke, über seine Überzeugungen und Aktivitäten in und außerhalb Hamburgs, über das Prinzip des Kommunitarismus und über jene Themen, ohne die nichts funktioniert: **Transparenz** und **Engagement**.

www.mikado-verlag.de
Das **Mikado-Wohlfühlhaus** am Mittelweg in Hamburg ist zu einem feststehenden Begriff in Hamburg geworden. Neben Buch- und Kunstpräsentationen finden hier die »Hamburger Gespräche« – Begegnungen und Diskussionsrunden zu aktuellen gesellschaftspolitischen Themen – ebenso statt wie Seminarveranstaltungen, die den Menschen als Wohlfühlwesen in den Mittelpunkt stellen.

Im neu geschaffenen **Mikado Garden** in Timmendorfer Strand wurde die ehemalige Lesehalle restauriert und darin eine neuartige Kombination von Buchhandlung, Galerie und Lesehalle entwickelt.

www.mikado-asiatica.de
Entdecken Sie die wunderbare Welt fernöstlicher Kunst in der **Asiatica Gallery**.

Bücher mit Visionen

Zukunft & Ziele, Akzente & Aspekte, Prognosen & Perspektiven - Verleger und Autor Jürgen Hunke
bietet in seinen Büchern Lösungen für sorgen- und angstfreies Leben an:

Sieh zu, wie Steine wachsen!

Wir hetzen durchs Leben. Wir sind Opfer von Zeit und Stress. Wir versäumen, unsere Seele zu pflegen. Die Folgen: Wir zweifeln, verzweifeln, sind sauer auf uns, auf die Welt, einfach auf alles. Uns bleibt die Luft weg ... Da ist dann kein Platz mehr für positive Gedanken und Impulse. Aber genau die brauchen wir, um das Leben als lebenswert zu empfinden und es mit Gelassenheit zu meistern. Was also tun?

Jürgen Hunke erklärt auf leicht verständliche Weise, wie wir unsere inneren Kräfte entdecken, wie wir ruhig und besonnen Rückschläge meistern, Fallstricke meiden und nach und nach positives Denken entwickeln. Ein Buch für alle, die sich in dieser neuen, unberechenbaren Welt zurechtfinden und erfolgreich sein wollen.

176 Seiten - Euro 14,95 - ISBN 3-935436-20-3

Diese Bücher sind im MIKADO-Verlag erschienen und im Buchhandel erhältlich.
Direktverkauf und Versand möglich über: **www.mikado-verlag.de**

Bücher mit Visionen

Zukunft & Ziele, Akzente & Aspekte, Prognosen & Perspektiven - Verleger und Autor Jürgen Hunke
bietet in seinen Büchern Lösungen für sorgen- und angstfreies Leben an:

Ausreden - Die neue Volkskrankheit!

Die Verabredung war eindeutig: 16 Uhr. Und nun? 16.32 Uhr - der Freund kommt angehetzt: „...die
Bahn hatte Verspätung!" Oder: „Kein Parkplatz ..." Oder: ... ! Ach was, wir wollen sie einfach nicht
mehr hören, immer diese Ausreden zu jeder passenden und unpassenden Gelegenheit. Immer
haarscharf an der Wahrheit vorbei. Wir wollen abnehmen und finden „gute" Gründe zu naschen.
Politiker machen große Ankündigungen und sind dann noch viel größer, sich wieder rauszureden...

Jürgen Hunke hat keine Ausrede dafür gefunden, warum Lügen in allen Lebenslagen bei uns fast
schon fast zum guten Ton gehören. Der Verleger und Autor hat die lange Liste der Ausreden in
unterschiedlichsten Situationen zusammengestellt. Seine Erkenntnis: „Es ist vor allem immer
Selbstbetrug." Ein Buch, das uns den Spiegel vorhält.

160 Seiten - Euro 14,95 - ISBN 3-935436-18-1

Diese Bücher sind im MIKADO-Verlag erschienen und im Buchhandel erhältlich.
Direktverkauf und Versand möglich über: **www.mikado-verlag.de**

Bücher mit Visionen

Zukunft & Ziele, Akzente & Aspekte, Prognosen & Perspektiven - Verleger und Autor Jürgen Hunke bietet in seinen Büchern Lösungen für sorgen- und angstfreies Leben an:

Wohlfühlen - der Megatrend

Jürgen Hunke, anerkannter Querdenker auf unternehmerischem, kulturellem und politischem Gebiet und Gründer der Mikado-„Denkfabrik" in Hamburg, bietet überraschende Aussichten für unsere Zukunft, indem er mit „Wohlfühlen" den zugrundeliegenden Mega-Trend aufzeigt, der sich als stärkster Antriebsmotor für erstaunliche Entwicklungen in Politik und Gesellschaft schon im ersten Jahrzehnt des neuen Jahrtausends erweisen wird. Im Mittelpunkt des Buches: Bürger, die sich nicht mehr von Politik bevormunden und von Bürokratie gängeln lassen.

Hunke: „Politikverdrossenheit war gestern! Die Zukunft gehört dem engagierten Bürger, der sich in seinem Staat und seiner unmittelbaren Lebensumgebung wohlfühlen will!"

160 Seiten - Euro 19,95 - ISBN 3-935436-02-5

Bücher mit Visionen

Zukunft & Ziele, Akzente & Aspekte, Prognosen & Perspektiven - Verleger und Autor Jürgen Hunke bietet in seinen Büchern Lösungen für sorgen- und angstfreies Leben an:

Transparenz

Wohin driftet Deutschland? Was läuft hier falsch? Warum schaden sich die Menschen selbst und worunter leidet das demokratische Grundverständnis? Welche neuen Chancen tun sich auf? Was muss sich in unserem Denken und Handeln und in unseren Herzen grundlegend ändern, damit wir angstfrei in eine erfolgreiche Zukunft gehen können?
Jürgen Hunke, Autor und Verleger, engagierter Vor- und Querdenker, beantwortet diese Fragen. Er spricht Klartext und rechnet mit dem Staat ab, der nichts dringender braucht als Innovationen, Impulse und Visionen. Hunkes Themen: Globalisierung, Transparenz, Arbeitslosigkeit und Altersarmut. Sein Ziel: „Verantwortlichkeit" sich selbst und dem Staat gegenüber.
Was tun? Trainieren!
„Denn wer nicht trainiert", so Jürgen Hunke, „ist den kommenden Herausforderungen nicht gewachsen."

179 Seiten - Euro 19,95 - ISBN 3-935436-25-4

Diese Bücher sind im MIKADO-Verlag erschienen und im Buchhandel erhältlich.
Direktverkauf und Versand möglich über: **www.mikado-verlag.de**